出会いは最大のレバレッジ

マーケットクリエイターとのダイアローグ

NTTぷらら代表取締役社長
板東浩二 著

ダイヤモンド社

最先端との出会いが最大のレバレッジを実現する

人は出会いにより、多くを学び、刺激を受け、そして変わることができる！出会いで人の成長は加速する！

私はインターネットのダイアルアップ接続が主流の頃、NTT本社からNTTぷらら（当時はジーアールホームネット）の社長に送り込まれました。当時は悲惨な状況で、28億円の資本金を使い果たし、累損はなんと37億円。いわゆる債務超過状態です。しかもキャッシュは3億円しかなく、毎月1億円の赤字をたれ流していました。これでは3か月しかもちません。

目の前が真っ暗になりました。サラリーマン人生もこれで終わりかと思いました。NTTグループにおいても、お荷物会社という烙印を押され、早く清算しろとまで言われたのです。周りの目は、正直冷たかった。しかし、その時に出会った取引先の経営者が私に手を差し伸べてくれたのです。「あんたの会社、潰させはしない。立て直そう！」。この一言で気が楽になりました。経営状況を説明すると、いろいろ貴重なアドバイスをいただけました。やることが明確になり、全力で対処すると、不思議なもので奇跡的に半年で単月黒字を達成できたのです。「ヤッター！」。この時は本当にうれしかった。私は社長就任以来、初めて前を向くことができたのです。

また、同じ時期に知り合った別の社長に、「新しく立ち上げようとしている会社が成功するかどうかは99％社長で決まる！」と言われました。この言葉に身が引き締まると同時に覚悟が決まった覚えがあります。そして、もともとはｅコマースの会社として立ち上げられた企業でしたが、インターネットのプロバイダーに事業の柱を転換し、成長の道筋をつけることができたのです。プロバイダーへの転換については株主からの反対もありましたが、事業転換しなければ会社が潰れるという強い信念があったため、これを断行しました。今から思えば大きな決断だったと思います。

その後、２０００年に日本マイクロソフト様とアライアンスを組み、ＭＳＮユーザー20万人以上をＩＳＰぷららに移管させていただき、一気に大手プロバイダーの仲間入りをすることができました。この時、知り合った役員の方々と次の新規サービスとして何が考えられるか、いろいろ議論させていただきました。そして新しい市場開拓の可能性があるとして出てきたサービスが、ＩＰ電話とＩＰＴＶサービスだったのです。これを受け、２００１年にＩＰ電話のサービスを開始し、２００４年にはひかりＴＶの前身となる4th

MEDIAというＩＰＴＶサービスを開始しました。
映像サービスに参入をしたのですが、右も左もわからない状態。おろおろしている時に知り合ったある社長に、業界の仕組み、映像の権利処理の仕方および配信方法を教えてもらうとともに、コンテンツプロバイダーのキーパーソンも紹介していただきました。映像配信サービス・4th MEDIAの提供は我々にとっては初めての経験で、大変でしたがノウハウとスキルを蓄積し、２００８年3月提供開始のひかりＴＶに進化させることができました。

今ではひかりＴＶの収入はＩＳＰぷららの収入を大きく上回り、事業構造の転換に成功した形です。そしてクラウドゲーム、音楽配信、電子書籍とサービスも映像だけにとどまることなく拡大しています。私が社長になった時の売り上げは8億円。２０１７年度末の売り上げは約８６５億円。１０８倍以上にすることができました。この間、創業以来22期連続増収も達成。しかし、振り返ってみれば事業構造を転換したり、ステップアップする時には、これまで紹介してきたような貴重な出会いがありました。これらの出会いのおかげで私個人も会社も成長を大きく加速することができたのです。まさに「出会いは最高のレバレッジ」だと言えます。

そんな出会いの数々、その一部をまとめたのが、この書籍です。レーザー、ＡＩ等、世の中を変える最先端技術を開発しているキーパーソンの方々、並びにスポーツ、エンターテインメントの第一人者の方々と対談させていただき、探ったのは「次世代のビジネス」。彼らからは、例えば「ＡＩは様々なサービスをどう変えていくか」「次世代の光源と言われるレーザーは世の中をどう変えていくか」さらには「ＬＩＮＥやC CHANNELを生んだ発想法は？」といった非常にエキサイティングなお話をうかがうことができました。

ビジネスの世界を振り返ってみると、ひと昔前は、必要なものは全部自力でつくろうとしていましたが、その後Ｍ＆Ａで必要な機能、資産を取り込む手法が拡大し、それに加えて今はアライアンスの時代となってきています。そして、このアライアンスのチャンス、成功の確率はトップ同士、経営者同士がいかに相手の事業を熟知しているかによって決まるのです。まるで友達のように付き合え、考え方を理解していれば、成功の確率はグッと高まります。

やはり「出会いは最大のレバレッジ」なのです。

ひかりＴＶは２０１８年3月31日で10周年を迎えました。ここまで全力疾走してきましたが、現在は次のステップに進む時期に来ています。この10年間はＴＶユーザー向けの映像配信サービスを展開してきましたが、これからは２０２０年の5Ｇのサービス開始を見据え、スマホユーザー向けの映像配信、アプリの提供を積極的に展開するとともに、ＶＲ、ＡＲなどの新体感映像サービス、さらにはスマートスタジアム、自由視点映像等、特にエンターテインメント分野のマーケットを開拓していきたいと考えています。

出会いは新しいドアを開く感覚に似ている。ドアを開くと新しい世界が広がり、ワクワクする。出会いも同じだと思います。そして、新しいビジネスをクリエイトするチャンスは、最先端を行く人たちとの出会いの数に比例するのです。

本書が、皆様にとっても「未知との出会い」となればと切に願います。

ＮＴＴぷらら　代表取締役社長　板東浩二

https://www.hikaritv.net

contents

最先端との出会いが
最大のレバレッジを実現する

人は出会いにより、
多くを学び、刺激を受け、そして変わることができる！
出会いで人の成長は加速する！

NTTぷらら　代表取締役社長
板東浩二 …… 002

「青色LED」はもう古い!?
今もアメリカで最先端を走り続ける
異色のノーベル賞受賞者が予言する
「5年後のデバイス」

カリフォルニア大学サンタバーバラ校　教授
中村修二 × 板東浩二 …… 013

笑いの本場から日本中へ、世界へ！
47都道府県「住みます芸人」や、
沖縄国際映画祭、アジア進出を発案したのは
ダウンタウンを見出した突破者だった

吉本興業株式会社　共同代表取締役ＣＥＯ

大﨑 洋 × 板東浩二……039

２０１２年にシリコンバレーで
「ディープラーニング」に出会った
ＡＩ普及の鍵を握る若者

株式会社ＡＢＥＪＡ　代表取締役社長ＣＥＯ兼ＣＴＯ

岡田陽介 × 板東浩二……061

ショートフィルムの可能性にいち早く気付き、20年かけ一大市場を築いた〝俳優経営者〟

別所哲也

株式会社パシフィックボイス　代表取締役

×

板東浩二……093

電子書籍の枠組みをつくった、元「門外漢」にして事業をデザインしていく天才児

藤田恭嗣

株式会社メディアドゥホールディングス　代表取締役　社長執行役員ＣＥＯ

×

板東浩二……117

ネット時代の覇者はこうして決まる――
IoT、ブロードバンドの
進化から見える「勝ちの法則」

株式会社インターネット総合研究所 代表取締役所長
株式会社ブロードバンドタワー 代表取締役会長兼社長CEO

藤原 洋 × 板東浩二 …… 147

意外かもしれないが、
創造性は「型」から生まれる
岡田流「運をつかむ組織」をつくる
マネジメント法とは

元サッカー日本代表監督 現FC今治オーナー

岡田武史 × 板東浩二 …… 171

〝朝令暮改〟がポイントだった!?
「LINE」「C CHANNEL」を
世に売り出した人物が語る
「予定調和の壊し方」

C Channel株式会社　代表取締役社長
森川 亮
×
板東浩二……205

生まれ変わって進化する：
Reborn & Evolution
独自コンテンツを制作する戦略会社へ……240

「青色LED」はもう古い!?
今もアメリカで最先端を走り続ける
異色のノーベル賞受賞者が予言する
「5年後のデバイス」

中村修二

カリフォルニア大学サンタバーバラ校　教授

×

板東浩二

Shuji Nakamura

1954年、愛媛県生まれ。1979年に徳島大学大学院修士課程を修了し、日亜化学工業に入社。1990年に、高品質窒化ガリウムの結晶が成長する独自の製法を発明し、1993年に窒化インジウムガリウム結晶を用い、世界で初めてとなる高輝度青色LEDの開発に成功。1995年には大容量ブルーレイディスクに用いられる紫色半導体レーザーを開発するなど、光学分野の第一人者として活躍。1999年に日亜化学工業を退社し、2000年にカリフォルニア大学サンタバーバラ校の教授となる。2014年、ノーベル物理学賞を受賞。

未来は、もっと奇想天外なのだとわかった

中村修二教授と私は、徳島大学で同窓生で、彼は在学中から「いつも研究ばかりしている」と評判だった。今は「多少、常人とは違う人物が大事を成し遂げるのだな」という図式がクリアに見える。だが周囲には「普通じゃない」人の凄みが、実績を上げるまでわからないのだ。大学時代の彼と、現在、アメリカ国籍を取得した中村教授を重ね合わせると、私はその後ろ姿から「普通じゃない人間を大切にする社会のほうが発展していくよね」というパンチが効いたメッセージを感じる。

蛇足だが、彼の功績を語らせてほしい。ＬＥＤは旧来の照明より消費電力の効率がいい。ＬＥＤが普及すれば世界中の電球や表示デバイスの消費電力が大幅に下がることは１９８０年代からわかっていた。鍵を握るのは青色ＬＥＤだった。赤、緑、青は「光の三原色」と呼ばれ、これを混ぜることで白を含むほぼすべての色が表現できる。ただし、青色だけが「20世紀中につくることは不可能」と言われていたのだ。この壁を突破したのが中村教授だった。彼の研究が成功すると、旧来の電球や表示デバイスは急速にＬＥ

Dへと置き換わっていった。この進化のおかげでどれだけ電力消費が抑えられているか、世界で試算したらとんでもない数字が出るはずだ。

ちなみにこの大発明をした当時、中村教授は徳島県にある日亜化学工業の社員だった。研究費は決して潤沢ではなかったという。一方、大手電機メーカーなどは豊富な予算、マンパワーを注ぎ込んで青色LEDの研究を行っていた。ではなぜ、中村教授は大企業よりも先にこの研究を成功させることができたのか?

そこに、彼の人生の深淵があると感じる。

しかも中村教授は、話が盛り上がると「青色LEDなどもう古い」と言い始めた。

ちょっとした研究なら、まっとうなやり方のほうがうまくいく。
でも、すごい研究はやぶれかぶれじゃなきゃできない

板東　教授の著書で読んだ話で、忘れられないものがあります。日亜化学工業の創業社長に、思い切って「研究費を5億円出してほしい」と言った時のことです。

中村　ああ、当時、会社の規模に比べ莫大な金額だったんですが、あっさり「いいよ」と返されたから、驚いた。青色LED発明後に、「なんでですか」と聞いたんです。

板東　ご自身で提案して、通ったら驚くという(笑)。

中村　それくらいの金額だったんです。創業社長に理由を聞くと「確かにおまえは売れないものばっかりつくってきた。だけど、**新しいものをつくって持ってきたのもおまえだけだった。**だから、やってみろ」と。

板東　そうそう、私が覚えているのはそのフレーズです。「すごいことを為す人間の多くは、こういう、自分を引き上げてくれる人物に助けられているのかな」と思って、印象に残っています。

ただ、社長が交代すると支援が受けられなくなってきましたね。実験や研究に、中村さんが自作した装置を使ったり、部材を再利用したり、ついには会社から「即刻研究をやめよ」と研究停止命令が出された、とも聞いています。

そんな悪条件のなか、なぜ中村さんの開発はうまくいったんですか？

中村　一言で言えば、やぶれかぶれだったんです(笑)。

板東　というと？

中村　例えば大手電機メーカーは100億円単位の予算をかけ、10人以上のプロジェクトを組んで研究を進めていました。一方、私のほうは従事しているのは自分一人だけ。ようするに**同じ方法でやったら勝ち目はなかった**んです。

だから私は、青色LEDの材料として大本命とされていた「セレン化亜鉛」の研究でなく、一部の大学などしか手掛けていなかった「窒化ガリウム」を選びました。もちろん、セレン化亜鉛に関しては論文もたくさんあり、予算やマンパワーが潤沢なら、そっちを選ぶのが当然だったでしょう。だから、やらなかったんです(笑)。

もしかしたら、こういう**何か突拍子もない研究は、本人がちょっとやぶれ**

かぶれだからこそ成功するのかもしれません。誰が挑戦してもなかなかできないもののなかには、ハイリスクハイリターンのギャンブルに賭ける人間でないと実現できないものがあるんです。

板東　それ、どんなビジネスでも同じかもしれませんね。

ちなみに中村教授は、やはり子どもの頃から、誰もやっていないことをやるのがお好きだったんですか？

中村　いえ、それよりも、狭く、深く、考えていくことが好きでした。私は海岸沿いの漁村で生まれ、子どもの頃はいつも独り砂浜に座って遠くを行く船を見ながら「どこへ行くんかなあ」なんて想像するのが好きだったんです。そんな性格だから、研究が性に合ったんでしょう。土台となる研究も含めると、青色ＬＥＤの開発には10年以上かかっています。もちろん、結果が出ない間は上司からもケチョンケチョンに言われましたが(笑)、やっぱり研究が好きだったから続けられたのかな、と思います。

だから、研究者やビジネスを始める人にはこう言いたいですね。利益が出る、人から認められる、といった気持ちでは、長続きしません。**「性に合う」ことで、かつ「や**

りたい」ことでなきゃ成功しませんよ。やっぱり、新しいことをやらなきゃ世の中は評価してくれません。でも、新しいことはなかなか周囲に理解されませんから、強い気持ちがなければうまくいかないんです、どうしても。

歴史でも、いわゆる「王道」でなく、多くの人間が使わない手段を取った人間が勝者になる場面がある。例えば、桶狭間の合戦で勝った織田信長、日露戦争でバルチック艦隊を破った東郷平八郎もそうだろう。考え抜いたやぶれかぶれは、時に王道より強いのかもしれない。

スマホにレーザープロジェクターを搭載すれば、画面を40インチ以上の大きさで壁に映せます

板東　現在はアメリカ国籍を取得され、アメリカで起業されていますね。どんな会社なんですか？

中村　ひとつは「SORAA」といって白色のLED照明を製造・販売しています。今、LED照明には青色LEDが使われていますが、これは〝健康によくない〟と言われているんです。睡眠をつかさどるホルモンの「メラトニン」が減って、常に覚醒した状態が続き、夜眠れなくなると言います。そして、睡眠障害はがんを含む様々な病気の原因になる、という説もあるんです。

だからうちの会社、青色LEDの代わりに紫色LEDを使った、白色照明を開発しちゃったんです。青色光がないので、睡眠障害を起こしません。また、白色が太陽光とほぼ同じになり、照明に使うと自然光に近く、すべての物の色が自然に近いものとなります。将来は、こちらがスタンダードになるでしょう。アイリスオーヤマで買えますよ。

青色発光ダイオードはもう古いんです(笑)。

板東　開発した中村教授ご本人がおっしゃるから面白い(笑)。

中村　アメリカは訴訟社会だから、売ったあとで訴えられるのは怖いじゃないですか。だから今後は一気に変わっていくはずです。以前「白色照明から出るブルーライトを見続けると害がある、この問題を議論しよう」という話があって、私も加わったんですが、紫色

LEDを使った白色照明の話をすると「じゃあ解決じゃん」となってしまいました(笑)。

板東　難問は話し合いでなく、技術の進化で解決することがありますからね。

中村　また、マイクロLEDディスプレーの研究もしています。例えば野球場に行くと、LEDをダーッと並べた大型ビジョンがありますよね。このLEDを1個当たり50マイクロメートル(0・05ミリ)程度にして、画面をスマートフォンのレベルまで小型化しよう、というのがマイクロLEDディスプレーです。

板東　様々な技術革新のなかでも「小型化」はほぼ必ず実現しますよね。これが実現したら何が起こりますか?

中村　まず、画面が今までに見たことがない美しさになるでしょうね。ディスプレーの美しさを決める性能のひとつに「コントラスト比」という数字があります。一番明るい白色と一番暗い黒色との明るさの比率を示すもので、液晶は1対数千程度、有機ELディスプレーは1対1万超、そしてLEDディスプレーは1対100万くらいなんです。

板東　それって、画面の向こうで記者会見をやっていて、フラッシュがピカピカ光ったらこっちが眩しいくらいのレベルですよね。

中村　しかもLEDディスプレーのほうが消費電力が少ないんですよ。小型化してスマートフォンに使われるようになれば、計算上、バッテリーが現在の4〜5倍は長持ちします。

板東　いや、スマートフォンの電池は問題ですよ。現在は「すべてがスマートフォンに収斂していく時代」だと思います。YouTubeのような動画やゲームアプリの利用からスケジュール管理まで、活動の多くがスマートフォンの電池を必要とするんです。省電力化が実現したら利用がさらに広がるでしょうね。

中村　もっとすごいことが起きますよ。私、もうひとつ、レーザー照明の会社を持っています。こっちは、もっとすごい。

板東　えーと、レーザーっていうと……。

中村　ＬＥＤに比べさらに１００倍以上明るく、照明も小型軽量化できます。また、点滅する時の応答速度が速く、光源がほぼ点光源となります。

板東　何が変わるんですか？

中村　まずは単純に、レーザー照明が普及すれば、ＬＥＤより小型で、１００倍以上明るい光源ができます。また、将来的にはレーザーのほうが安価になるでしょう。ＬＥＤに比べ、発光するデバイスが小さいからです。

現在は、技術の進化に合わせ、いろんな使い道が模索されているところです。まず、映画館でレーザープロジェクターが使われ始めています。同時に自動車のヘッドライトもレーザーに変わりつつあります。ＬＥＤに比べると、照射距離、明るさ、ともに数倍です。レーザー光源は点光源なので、小型レンズを使って、直進性が高い光にでき、その気になれば何キロ先だって照らせるんですよ。しかも消費電力が低く、光源の表面積も１００分の１程度です。映像技術と組み合わせれば、車のヘッドライトを使って超大型スクリーンに映画を映す、といったことも可能です。

板東　ここからはアイデア次第ですね。中村教授はどう利用されると思いますか？

中村　小型化に成功し、スマートフォンにレーザープロジェクターが搭載できれば、壁にドーンと40インチ、50インチの画面を投射できるようになりますよ。壁から50センチくらいのところにスマートフォンを置いて、レーザー光を広角レンズで広げて映し出すイメージです。

板東　スマートフォンの弱点って「電池の持ち」と「ディスプレーの小ささ」ですよね。動画を見るにしても目が疲れます。でも今後は、スマホと白い壁があればテレビと同様の環境で視聴できる、と？

中村　ええ。点光源ですから、プロジェクターもスマートフォン内蔵サイズまで小さくすることは可能でしょう。

板東さんなら、この技術を使って映像をどう変えていきますか？

板東　あっと……(笑)。私はやっぱり4Kだと思いますね。現在も画面が4Kのスマートフォンは存在しますが、画面が小さいから「4Kにする意味は薄い」と言われています。しかし大きなディスプレーで見られるならいいですよね。今後は4Kで撮影し、4Kで見ることが当然になるでしょう。

私は「技術は必ず進化し、後戻りはしない」と考えます。例えば、一度地デジHD放送のテレビを見たら、もうアナログ放送には戻れませんよね(笑)。同様に、技術は絶対に前向きに進化し、後戻りはしないのです。これは産業革命から今まで、様々な機械や技術、すべてに当てはまる法則だと思います。だから、一度4Kを見た人は必ずこれに慣れて、HDの映像を見ると「画質が粗いなぁ」と感じるようになるはずです。だから、使い勝手次第で「映像はレーザープロジェクターで見て当然」という時代が来ると思います。

このあと、再び想像してみた。スマートフォンにレーザープロジェクターが搭載されたら、どんなビジネスが生まれるだろう? ジャストアイデアに過ぎないが、例えば「スマホを複数台使うとマルチディスプレーのような形で超大画面で見られる」とか、そんなことが考えられる。光源が小型化すれば、4方向に映像を映し出すことができるかもしれない。すると、野球をピッチャーの視点で見て、振り返るとセンター方向が見られる、なんてできたら面白い。あとは間違いなくスピーカーが進化するはずだ。「大画面だけど音は小さい」ではストレスを感じるだろう。
ようするに「将来、技術はこう進化する」という答えを知っているだけで、ビジネスは格段にやりやすくなる。

第3次産業革命は「技術を持つ者」が強く、第4次は「アイデアを出す者」が強い

板東　しかし、スマートフォンで4K動画を送受信する時代が来たら、通信速度が問題になるでしょうね。光回線に加入していれば、自宅のルーターまでは高速で通信が可能です。しかしその先の無線LANは、4K動画のやりとりは非常に困難です。

中村　そこも大丈夫です。実は、光を使った「Li-Fi」という技術が研究されています。光回線につながった照明が、人間の目には見えないほど高速で明滅し、情報をパソコンやスマートフォンに送るのです。スマートフォンに光センサーが搭載されていればこれを受信できます。Li-Fiを使えば、通信速度は現在のWi-Fiの100倍になる、と言われていま

す。

板東　１００倍！　通信のボトルネックがなくなれば、いろんなアイデアを出せますね。スマホで４Ｋ映像を撮影して、Li-Fiで通信し、別の場所にいる人がプロジェクターを使ってリアルタイムで楽しむ、といったことも可能になりますね。会議室でも、リアルタイムで４Ｋレベルの映像が送信できるわけですから……。

中村　会社を壁に映し出しておけば、通勤時間も必要なくなるかもしれませんね（笑）。情報が伝わっていく速度や地域による格差がなくなる時代が来るのかな、と思います。こういう技術的進化を日本の企業がどうアイデアを出して活用するか、そこに日本の未来がかかっている、と思いますね。

あと、数十年のスパンでよければもっと面白いことが起きそうですよ。例えば、水から発電できるようになるかもしれません。レーザー光の力で、普通の水に含まれる「重水素」と「三重水素」を超高温・高密度にすると核融合反応が起きます。人工的に太陽をつくり出すようなもので「レーザー核融合」と呼ばれます。使ったエネルギーより大きなエネルギーを取り出せるようになれば、水を燃料に、ほぼ無尽蔵のエネルギーが取り出せます。

さらに、将来はレーザー光で宇宙旅行が可能になるかもしれません。レーザー光は直進性が高く、光の粒子には運動量とエネルギーがあります。そこで、打ち上げた宇宙船に、地球の大気圏外からレーザー光を当てれば、宇宙船が進んでいくんです。実際にヨットの帆みたいなものにレーザー光を当てたら、光速の3分の1か、4分の1にまで到達していきます。この速度になると、もう相対性理論の世界ですね。原理的に、**宇宙探査機程度なら3日で火星に送り込めます**よ。まあ、これは「数年で可能」という話でもありませんが(笑)。

板東　いえ、勉強になります。あと、こういった話に胸を躍らせてきたからこそ、中村教授はノーベル賞を取れたんでしょう。そもそも、社長に「世界初のことができるから5億円出してください」と言えるのがすごいことですから……。

中村　(笑)、じゃあ、映像デバイスの進化と、通信速度の向上からは何が生まれると思いますか?

板東　まず、個人が今まで以上に大きな力を持つはずです。現在もYouTuberやインスタグラマーの方たちがメディアを席巻していますが、子どもの頃から映像で何かを伝えるのが当然だった「スマホネイティブ」の世代が生まれれば、この流れはもっと加速するでしょう。

また、レーザーで実現する進化は「映像の大きさ、美しさが極大化して、距離の壁もなくなる」と捉えることができます。であれば今後は、テレビで使えるレベルの映像を瞬時に世界中から集めることが可能になるでしょう。例えば災害などの現地の映像がリアルタイムで集まるメディアがあってもいいかもしれません。すると膨大な数の映像が集まってきます。そのなかから「これが大切」と言えるものを見出す仕組みも必要になるでしょう。

少ししゃべり過ぎましたね。中村教授の話を聞けたおかげで、こういった変革はまだ始まったばかりなのだ、と認識できました。

私はビジネスを始める時、いつも過去と未来を思い描きつつ「今、何をすべきか」を考えてきた。少し話が飛ぶが――まず、人類が集団で農業を始めて村ができ、一部で土地や労働力の奪い合いが始まった。これを持っている者が強かったからだ。次に第1次産業革命によって蒸気機関が生まれ、作業が「人力」から「機械」に変わった。ここで

は、生産設備を持っている者が資本家になった。次に電力と石油の普及によって大量生産が可能になった。これが第2次産業革命で、生産技術とエネルギーを持っている者が強くなった。次にコンピューターの登場によって第3次産業革命が起き、情報の処理速度が格段に高まった。インターネットを含め、情報技術を持つ者が強くなった。次は第4次産業革命だ。これは、世の中で言われている通り「自律化」を招くだろう。詳しくは藤原洋さんとの話に譲るが、モノにセンサーがつき、モノが情報を発信することでいろんなものが自律的に動くようになるのだ。仮に自動車であれば、GPSやカメラで周囲の情報を集め、運転手が関与しなくても目的地に行けるようになる。

長い前置きをしたが、この第4次産業革命で強くなるのは、中村教授がおっしゃる通り、様々な技術をどう使うか「アイデアを出す者たち」だと思う。例えばスマートフォンは、電話やカメラやGPSなど、当時既にあった技術を組み合わせてつくられている。これと同様に、最近は保険会社がセンサーと通信の技術を組み合わせ、面白い商品をつくっている。自動車に設置した専用の端末が事故の際の強い衝撃を検知すると、自動で警備会社に連絡を行い、ドライバーとの直接通話が可能となり、状況に応じて救急車などを手配する、というのだ。非常に面白い。このように、私は「第4次産業革命」においては技術力にアイデアという命を吹き込む者が強くなっていくと思う。

アメリカには、ベンチャーがどんどん生まれる「土壌」がある

板東　個人的なお話もうかがいたいのですが……中村さんは45歳で、家族を連れてアメリカに渡っておられますね。これはなぜだったんですか？

中村　一番の理由は、苦労するためです。人間ってやっぱりぐうたらなんですよ。苦労する状況に自分自身を追い込んだほうが、やっぱり努力するんですね。

板東　**ノーベル賞を取られた方も、追い詰められないとやらない**んですね（笑）。

中村　1993年に青色LEDを発明して、会社で部長になったんですが、仕事と言えば部下のレポートを読んで、ハンコを押すことなんです。率直に言って「このままじゃアホになる」「やっぱり自分が苦労してゼロから立ち上げなきゃ仕事じゃない」と思いました。でも日本にいたら「エライ人」にされちゃう。一方、アメリカは誰にでもチャンスが与えられる「アメリカンドリーム」があります。そこで「思い切ってアメリカに行こう」と。

板東　なぜアメリカだったんですか？

中村　世界中から優れた人たちを集め、優秀であれば若いうちから活躍できるからです。そんな仕組み、雰囲気があるんですね。

板東　日本は従順な労働者を集めることに対しては問題意識があっても、世界中の頭脳を結集する意識がない、と……。

中村　おっしゃる通りで、しかも日本は起業しにくいんですよ。まず、失敗に対し非寛容的です。板東社長ならわかってもらえると思いますが……「失敗してはいけない」という意識が強いと、人はチャレンジしなくなりますよね。シリコンバレーでも、ベンチャーの成功率なんて1割程度、逆に言えば「9割は失敗して当然」なんです。だからアメリカでは、会社がうまくいかなくてもお金が入ってきます。

板東　それ、どんな仕組みなんですか？

中村　仮に創業者がベンチャーキャピタルから30億円出資してもらって、4～5年経ってもうまくいかないとしましょう。でもアメリカの場合、その間も報酬はもらえるし、企業に売却価値があれば、売って、お金が入ってきます。だからアメリカの大学の工学部教授はほとんどがベンチャーをやっていて、失敗しても豪邸を建てています(笑)。もちろん、成功すればもっと大きな報酬が入ってきますから必死にもなります。一方、日本では、金融機関に「30億円必要です」と言ったら「でもおまえの資産1000万円しかないじゃん。親戚の資産も全部担保にせい」と言われ、失敗したら自殺もの。これでは企業が育つわけがありません。起業したければ、むしろ一足飛びにアメリカに行ったほうがいいかもしれません。

しかし、ここで英語の壁があるんですよね。

板東　せっかくの技術やアイデアも、世界性が持てない、と……?

中村　ええ。興味深かったのは、先日、大手企業の方が「うちの製品は世界一」、しかし「世界標準にはしない」と言うのです。理由を聞くと「ウチの社内、誰も英語ができませんから」と言う。これはもったいないですよ。

海外には「ぜひ日本企業とコラボしたい」と話す経営者が多いんですよ。日本のサービスや技術は素晴らしい。いえ、それ以前に、日本企業は契約書を交せばちゃんと履行する、これは世界基準で言うと珍しいんです(笑)。しかし先日、アメリカの企業人に「日本に来て仕事をしたら?」と言ったら「言葉が通じないから行けない」と返されました。

板東　アメリカ人は何かビジネスのアイデアを思い付いたら「どうしたら世界中の人が買ってくれるだろう?」と考える、でも日本人は「どうしたら日本中の人が買ってくれるだろう?」と考える、という話を聞いたことがあります。

中村　しかも、日本はある程度の人口があるから、いったんは日本人向けに売れればビジネスが成立してしまうんですよね。**もし日本が人口500万人くらいの小国であれば、自国民のみを相手にしよう、という発想はなかったかもしれません。**そして「全国制覇だ」なんて言っているうちに、海外の企業が世界中の市場を押さえてしまうんです。しかも、最近はコピーされるまでの速度が非常に速くなっています。以前なら海外の企業が10年ほどかけコピーしていたものが、今は数か月で同じものがつくれる場合があるほどです。半導体も、テレビも、携帯電話も、日本企業が日本人相手に商売をしているうちに真似されてしまったんです。

板東　敗因はそこでしたか。

中村　しかも、語学ができないと動きが遅いんですよ。ビジネスの重要なことは会議では決まりません。会議の前後、みんなが仲良く雑談しているうちにすべてが決まっちゃうとのほうがむしろ多い。これは国際会議でもまったく同じです。今後は映像によって距離の壁は今よりもっとなくなるはずで、オフィスの映像が映し出され、世界各国のオフィスがワンフロアのようになって仕事を進めていく時代も来るはずです。だからこそ、語学で後れを取っていたら日本の産業は世界に飲み込まれてしまいます。

　ここを変えなければ、日本企業は今後も、サラリーマンの気力や体力をすり減らしながら生き延びていくような状況になりかねません。

　あと、アメリカは既に「怒ったらダメ」という文化になっていますよ。

板東　マネジメントも違うんですね？

中村　教育からですね。小学生の時から先生は誉めるだけ。怒るとすぐ親が出てきて裁判で訴えられます。大学でも、僕が最初に言われたのは「どんなバカなことを言うヤツが来ても、絶対、怒っちゃダメですよ」ということでした。理不尽に思えるかもしれませんが、だからみんな「私は世界一」とでも言いたげな顔で主張できるようになるんです(笑)。もちろん実力が伴っていない人間もいますが、主張をすればフィードバックがあるから成長もします。主張するからこそ自分の案が採まれ、新しいアイデアも出てくるでしょう。でも日本は、逆なんです。私には、みんなが「最低の人間です、すみません」と言わんばかりに縮こまってプレゼンテーションしているように見えます。

板東　なるほど、「アメリカでは次々新しい事業が生まれている」その理由は「アメリカには次々新しい事業が生まれる文化的土壌がある」ということですね？

中村　そうなんです。こういったことがわかったのも、いま板東さんがされているように「見聞を広めた」からでした。見聞を広めると、逆に日本の問題や、近い将来が予想できるようになりますからね――。

笑いの本場から日本中へ、世界へ！
47都道府県「住みます芸人」や、
沖縄国際映画祭、アジア進出を発案したのは
ダウンタウンを見出した突破者だった

大﨑 洋

吉本興業株式会社
共同代表取締役CEO

×

板東浩二

Hiroshi Osaki

1953年、大阪府生まれ。関西大学社会学部を卒業し、1978年に吉本興業へ入社。1980年に東京連絡事務所設立に参加し、「漫才ブーム」を支えた。2006年に吉本興業取締役副社長に、2009年に代表取締役社長に就任し、以来現職。2017年には、NTTぷららと「大阪チャンネル」を立ち上げ、ABCの『プロポーズ大作戦』、カンテレ『パンチDEデート』等、人気番組を現代版にリバイバルするなど新コンテンツを制作する。

〝人を活かすシステム〟吉本興業のトップが「夜もよく眠れる」ほど考えていること

日本には〝笑いと言えば関西〟という雰囲気がある。その中心にあるのが吉本興業だ。創業は1912年、吉本吉兵衛・せい夫妻が寄席の経営を始めたのが歴史の第一歩だ。その後、寄席を買収してチェーン化し、落語家・漫才師らがレコードを吹き込んだり、意外なことに大日本東京野球倶楽部(現在の読売ジャイアンツ)への資本参加もしている。

この創業100年を超えた企業が、古びることなく、むしろ「新しい」と感じるのは、間違いなく、このように「いろいろやってきた」からだ。

いや、むしろこの企業、「何をやってくるかわからない」。例えば2011年から、全国47都道府県に「住みます芸人」を居住させ、〝笑いの力で地域活性化に貢献する〟としている。2014年には、日本のコンテンツをアジア各国・地域に輸出する「MCIPホールディングス」を設立し、現在はアジア版「住みますアジア芸人」も送り出し、芸人さんは言葉も話せないまま現地に向かい、地元のテレビ番組に出たりしているというからすごい。しかも、彼らの活動は、お笑いに留まらない。NMB48の女の子たちは、活躍の場をアジアへと広げている。

そんな吉本興業を率いるのは、大﨑社長。ダウンタウンの育ての親と言われる人物だ。氏と話すと、なるほど、ダウンタウンのお2人と大﨑氏には共通点があると感じた。

創造力が豊か過ぎ、時に、既存の常識を突破してしまう。大﨑氏の言葉を借りれば、「どこから何が飛んでくるかわからない」のだ。

当社も今後、コンテンツを創造していきたい——。そこで大﨑社長に教えを請うた。

未知の才能は、名伯楽が見出さなければ育たない?

板東 まず、大﨑さんのマネジメントについてお聞かせください。どんな経緯でダウンタウンのお2人を見出したんですか？

大﨑　見出したなんて、とんでもないです。僕は同期入社の中でも落ちこぼれだったから、売れてる人のマネージャーにはなれませんでした。教育係をしていただいたのは、のちに「ミスター吉本」と呼ばれた木村政雄さんでしたが、入社早々彼が、カルティエのライターをパチパチ鳴らしながら「君は今年の新人で一番出来が悪いそうやな。3倍働かなあかんで」と言うから「こらサッサと辞めなあかんな」と思ったくらいで……(笑)。そんな状況のなか、松本君・浜田君がいたんです。彼らのコントを最初に見た時「こいつら連れて吉本辞めたら、絶対、一生食える」と思いましたね(笑)。

それまでの漫才って、オチを聞いて「ああ、なるほどな」て笑ってたんです。ところが**2人のネタを見ると、どこから何が飛んでくるかわからない。「これは未知の世界や」と。**

板東　その後、ダウンタウンの2人が活躍される場をつくられましたね。

大﨑　私は彼らが自由にのびのびやれる場をつくっただけです。当時、ダウンタウンは

「なんば花月」に出ても、誰も笑わなかったんです。その頃の漫才といえば明るく飛び出してきて「僕たちダウンタウンです。松本です。浜田です。どうぞよろしくお願いします。さあ何とか……」から始まるお決まりの「型」があったんですよ。彼らはそうじゃなかった。そのうえ彼らは、根底に愛情が流れているんだけど、表面的にはガラが悪くて愛想も悪い。だから、お客さんも先輩格の芸人も、彼らの漫才に対して「あんなん漫才やない」とブーイングする。当時は、まるで宇宙人でも見させられてる感覚だったんでしょうね（笑）。そこで、1986年に「心斎橋筋2丁目劇場」を立ち上げたんです。

板東　「型」から外れたものに未来があった、と。

大﨑　ええ。なんば花月では、照明さんに「このタイミングでピンをこっちに向けて」言うても「急にはでけへん。昨日のうちに言って」みたいなルールがあったんです。でも心斎橋筋2丁目劇場はスタッフがダウンタウンと同世代だから、コントを考えてて急に、なんて言ったたっけ、こんな、たたくもの……

板東　ハリセンボン？

大﨑　ハリセンですね(笑)、これがいる、となったら「すぐつくるわ」となるんです。最初のうちはお客が十数人なんて日もありましたが、続けていくとだんだん大阪の若者の間で「めちゃおもろいコンビがおる」と話題になって、そのうち行列ができるほどの人気になりました。すぐ大阪のテレビでレギュラーが決まって、東京のテレビ局からも声がかかって……。

天才は、なかなか理解されない。それはそうだ。なぜなら彼らは既存の文脈で行動しないからだ。だから、天才が世に出る時には、その周囲に「天才を理解する名伯楽」がいることが多い。例えば、中村修二教授にも、青色発光ダイオードの研究を「やってみろ」と言った、日亜化学工業の創業社長・小川信雄氏がいた。

また、大﨑氏を描いた書籍や、ほかのインタビューによると、彼本人もかなり破天荒だ。詳しくは書籍に譲るが、ダウンタウンの2人が大人気になったあと、担当を外されても番組会議に参加し、時には「ソフト開発室」という部署を勝手に立ち上げ、音楽ビジネスやゲームソフト開発を始める、といった社員だったらしい。左遷されても、次々、新しいことを始めて、次々と当てていく。そして、怒った上司に呼び付けられると、彼は「ちょっといいですか?　タバコ切れたんで取ってきます」と言って逃げてしまう……。

そんな図太さもなければ、規格外のことは実現できないのかもしれない。大﨑氏は、彼自身、ダウンタウンの2人と同じように「型」から外れ、未来を創造する人物だったのだろう。

板東　もう少し、昔の話をうかがいたいんですが、「吉本新喜劇」を担当しろと言われて、立て直しのために、「新喜劇やめよっカナ!? キャンペーン」をされますよね。聞けば今は人気の新喜劇も当時は集客が悪く、役者もスタッフもオーディションで一から選び直して再スタートを切られたとかで……。

大﨑　やっぱり人間って、「辞める」とか、「別れる」とか、そんな消えゆくものを惜しむ気持ちがありますよね。そこを突くのがいいかな、と(笑)。そこで、1989年の10月から90年の3月までの半年間に観客が18万人来なければ新喜劇はやめます、とキャンペーンをやって、大阪駅に電光パネルを出して「こんだけ入らんとやめんねん」とやると、関西の人たち、「そういや新喜劇って、昔から知ってるし、テレビでも見るけど、実際、足運んで見たことないな」、「確かに、ないわ」という方がいっぱいいて「なくなるんやったら行かな!」となったんですね。僕たちも、それこそ西洋の古典の演劇の要素を加えるとか、いろんなチャレンジをしまして。

板東　大崎さんのインタビューを読むと、**以前は「アンチ吉本」とか「クビになってもいい」とか、かなり過激なこともおっしゃってます。だから、発想の幅が広いんでしょう**ね。

しかし、大きく変えていく時は、やっぱり極端なことを言ったり、大きく反対側に振らないと、なかなか変わらないんでしょうか? 芸人さんに「やめるんはおまえや」と激怒された、という話もありましたよね……。

大崎　言い切らないと始まらないんです。調整型で、**根回しをして、一人ひとり納得してもらって、という方法のほうが軋轢は少ないかもしれませんが、これ、と決めたらガーッとやらなかったら簡単には動かない**ですよ。

実は、当時の会長が「やめることになっても仕方ないな」と漏らしたんです。これを大義名分に「このままだとみんな首になっちゃいます」と変えていきました。もう必死で、正直、私も会社を辞める覚悟は常に持っていたと思いますね。

板東　ＡＫＢグループの総選挙のような本物のガチ感で人を惹き付ける仕組みを、１９８９年の段階で行っていたのがすごいですね。でも、これくらいしなければ人も組織も変わらないんでしょう。

大﨑　例えば大道具さんが「こんな大変なことやってられへん」と仕事を投げ出そうものなら、飲んでるところに行って、サラリーマンの僕が「ホンマにやめることになるんやぞ！　どうすんねん！」と強く言ってみたり……。でも最後には、個性的な芸人さんたちも「全員で勝負や」となりましたよ。

日本のサラリーマンは他者との軋轢を回避しがちだ。しかし、「大人」じゃいけない時もあるのだ。そして、時と、場所と、言い方と、戦い方を選んでムチャをすることは、当然、「大人」でいることよりも難しい。こうして劇場は満員になり、テレビの視聴率も急上昇、東京開催も決まるなど、吉本新喜劇をめぐる状況は半年前とは大きく変わった。その後、大﨑氏は音楽業界やアジアの放送・芸能関係者などを訪ねてまわり、将来

の仕事の種を探した。そして2001年に取締役就任。あるインタビューによれば、大﨑氏の実力を見出していた林裕章社長(故人)以外の全取締役が反対したが「林さんが押し切ってくれた」らしい。大﨑氏自身にも、才能を見出してくれる名伯楽がいたのだ。

社会の隅のほうとか、苦労してるところとかから、ちょっとおなかをすかせながらおもろいやつが出てくるんです

板東　これから、コンテンツ産業はどう変わっていくと思いますか?

大﨑　2010年くらいから、いろんなところで、吉本のこれからのキーワードは「地方」「アジア」「デジタル」、この3つや、と言っています。すると、2年後か3年後に電通の石井直社長が、「これからは、地方と、アジアと、デジタルだ」と言ってくださったから、周囲に「ほら見てみい」と(笑)。まあ、たまたまですが。

板東　いえ、たまたまの符合とは思えませんよ。まず「デジタル」の部分はいかがです

か？

大﨑　デジタル化によって枠組みが変わると思うんです。その最たるものは、御社と立ち上げた「大阪チャンネル」でしょう。これは画期的で、毎日放送さんの『痛快！明石家電視台』、関西テレビさんの『鉄筋ｂａｓｅ』、朝日放送さんの『松本家の休日』とか、関西の地上波で放送された人気番組のアーカイブが見られるようになってます。放送局の枠組みを超えてチャンネルができたわけです。

また海外に目を向ければAmazonやNetflixやAppleTVがワールドワイドの仕組みをつくろうとしています。ビジネスとしても広告モデル、コンテンツに課金するモデルなど、さまざまです。

板東　そんななかで、貴社は今後、どういった……。

大﨑　今まで、テレビの地上波には、バラエティー、ドラマ、報道、といったジャンルがあって、なかでもバラエティーにお笑いの仕事場がありました。でも、新たなコンテンツの流通経路ができた時、今後もバラエティーというジャンルが今まで通りでいいのか。もし変わっていくなら、どうすればお笑いタレントの活躍の場がつくれるのか……我々としてはそんなことを考えています。

板東　特に貴社は、新しいことを試し続け、生き残ってきた歴史がありますからね。

大﨑　とりわけコンテンツの流通経路は変わると思います、今は権利関係の法整備が追い付いていませんが、本来はオールマイティーなんですよね。活躍の場はテレビだけじゃありません。例えば又吉直樹君の「火花」は『文學界』に掲載され、単行本が売れ、文庫本、さらにはドラマ、映画、マンガと全部つくられていくんです。しかも、素晴らしいスピード感で。今後はこうやって、いろんなコンテンツをいろんな流通経路で展開していくことになると思います。こういった**激変期はいろんな会社と組んでいくことが重要**なんでしょう。

板東　次は「地方」です。コンテンツが世界で流通するからこそ「どこ発信なのか」というローカル性が重要になってくると思うんですよね。

47都道府県の「住みます芸人」は、そんな意味で、芸人さんたちの新たな活躍の場を見つけるために始められたんですか？

大﨑　いえそれが（笑）、２０１０年の年末、共同代表取締役ＣＯＯの岡本昭彦君とサウナでテレビを見ている時に思い付いたことなんです。「地方に元気がない」「若者が職に就けない」というニュースを見て「芸人を47都道府県に行かせて仕事させたらどうやろか」と言いました。よく「ローカルから世界へ」と言う通り、ローカルには世界にないものがあるんですよ。それを自覚して、その上で「これは日本のここでしか通用せえへん」とか「これは全世界共通なんやな！」とわかっていくのが「世界を知る」ことだと思うんです。そんななかから、世界に通用するコンテンツが生まれたらいいなぁ、と。

板東　全国に次世代のビジネスの種をまいたわけですね。

大﨑　「住みます芸人」を始めると、若いエリア社員が「私は青森県に吉本ののれんを持っていきます」、「一生骨をうずめる覚悟で頑張ります」なんて声高らかに、ある時は涙ぐんで宣言するんですよ。そして彼らが全国に散っていって、臆面もなく「（僕）吉本です」と県知事さんや町長さんを訪ねていくんです。すると「へぇー吉本!?」と、村祭りの司会なんかの仕事をもらってくるんですね。

板東　音楽でも、和太鼓や、沖縄民謡のように、何か根っこがあるものと、ローカルだったものが世界に受け入れられていきますよね。

大﨑　そうなんです、そうなんです。こうなると「なんで始めたんですか？」と聞かれた時「サウナで考えました」とは言いにくくなってくるんですよ（笑）。でも、この勢いで「アジアもええんちゃうか」と言うと、現地の言葉も知らない芸人が「ハイ」と手を挙げ、なんとか言葉を覚えて、現地のテレビのレギュラー番組や、日本企業のパーティーの司会など、たくさん仕事をいただいてくるんですね。

板東　活躍の舞台を、大阪から全国へ、そして世界へと広げていくことで、デジタル化時代にも対応できるコンテンツをつくろうとしているんでしょうか？

大﨑　あとは才能の発掘です。お笑いの才能は、お金をかけたら伸ばせるかというと、そうじゃないんですよ。**社会の隅のほうとか、苦労してるところとかから、**

ちょっとおなかをすかせながらおもろいやつが出てくる（笑）。きっと、お金や機会を与えられて育つより、社会の隅のほうにいる人間のほうが頭の体操をするんでしょうね。

しかもギリシャ哲学の時代から**「自分を見つめるなかで、世界的な共通点や、課題や、希望が見つかれば、人と人はつながれる」**という、わかるような、ようわからんような話があるんです。

だから「地方」という強みを背負った芸人がもっといたらいいな、チャレンジの場があったらいいな、という思いでローカルと、さらにはアジアに活躍の場を求めたんですよ。

もちろん、これも「デジタル化」の流れがあってこそできることです。今まで、地方の方に生のお笑いに触れていただく機会はあまりなくて、芸人さんのほうも、大阪や東京から地方に呼ばれ「来ました！　舞台やりました。おつかれさまでした！」と帰って行く形がほとんどでした。でも、今はネットがあるから、世界のどこからでも情報が発信でき、受け取ることができます。それなら、それぞれのコミュニティーに芸人がいていいはずだ、と思ったんです。

「楽しむ天才」は、多分、創造的だ

板東　では最後に、沖縄国際映画祭を始めたきっかけはなんだったんでしょう？

大﨑　松本人志が初めて監督した『大日本人』という映画が完成して、カンヌ国際映画祭の上映部門「監督週間」に招待された時のことでした。招待されたのは松本君だけなのに、芸人さんたちがみんな「ええなあ！　カンヌやて！」って行きたがるんです（笑）。そこで、苦楽を共にしてきた芸人さんたちを連れて行ったら、すごく楽しかったんですよ。「でも、これが毎年やったら大変やなぁ」と思った時に「せや、自分たちで映画祭やったらえぇんや」と思い付いたんです。沖縄を選んだのは、カンヌのようなリゾート地でやりたかったからですね（笑）。

板東　自治体に頼まれたわけじゃないんですね。

大﨑　ええ。それこそほかの映画祭を見て「やっぱりこんな賞があるんやな！」なんて、みんなで手づくりでやったんです（笑）。でも、ちゃんとした狙いもあったんですよ。「いろんなメディアやコンテンツが集まるプラットフォームになればいいかなあ」と思ったんです。日本を代表するリゾート地である沖縄に、年に1度、テレビの人、通信業界の人、雑誌の人、WEBの人、ラジオの人、みんなが集まって、短パンにビーチサンダルで「やあやあ、また今年も」なんて言いながら、新しい何かが生まれるといいな、と。

板東 それが今や、この盛り上がりよう。結局、なんで大崎さんは、そんなにアイデアが浮かんでくるんですか？

大崎 それが、わからないんです(笑)。

板東 一人の人間の頭をふっとよぎった「こんなのがあったらいいなぁ」という思いが世界を変えていくってすごいじゃないですか。

大崎 それが本当にわからないんです。
いつもいきあたりばったりで、いろんなことを考えているだけなんですよ。例えば新幹線で移動する時にずっと車窓から外を見ているんです。そんな時、ふと思ったんですよ。東京に住んでいる人の職業を挙げなさい、と言われたら「銀行の方、出版社の方」といっぱい出てきます。でも、地方の街を見ると「農業、漁業、あとはどんなお仕事をされてはるんやろう?」とわからなかったんですね。これはショックでした。自分自身、出張はたいていとんぼ返りで、地方を意識する瞬間と言っても、帰りに「駅弁どれにしよか」と思うくらいだったんです。

そんなモヤモヤした思いがあったから「地方に元気がない」というニュースを見た時「地方にも才能はいてるはずや」とか「これを見つけるのは吉本興業がやるべきことなんちゃうかな」とか「そうしたら最低でも47組の若手の仕事が生まれるな(笑)」といった思いがあふれてきたんですね(笑)。

僕はこんな性格なので、朝から晩まで頭の片隅でずっと仕事のことを考えています。なので思い付いたことを何でも口にしてきました。みんながそれを聞いて、一生懸命やってくれます。

むしろ、ちょっと口慎まなきゃいけないかな(笑)。

板東　大﨑さんは「楽しむ天才」なんじゃないでしょうか? 仕事でも、何でも。

――大﨑さんを描いた『笑う奴ほどよく眠る』という書籍がある。「こんなことまで書いていいのか」と思うほどのことが書かれていて、私は一気に読んでしまった。でも、大崎氏はよく眠りながらも、常に考えていた。何を？　それは「大きな地図」だ。小さな地図を持っている人間より、ざっくりでいいから大きな地図を持っている人間のほうが遠くへ行ける。ようするに、ルールに縛られず、大きな地図を持ち、そっちへ向かっていく度胸がある、それが、誰も描けなかった未来を描き実現する「ビジョナリスト」の条件なのだろう。

大崎さんが「住みます芸人」を始めた時のことを、冗談交じりに話していた。芸人さんとこんな会話を交した、というのだ。


「きみ、実家はここやろ？」

「はい？」

「使ってた子ども部屋、まだ残ってる？」

「ありますけど……」

「よし、わかった。そこ、明日から吉本の事務所や」


また「大阪チャンネル」を立ち上げた時、私と一緒に記者会見を行ったのだが、その時、大崎さんはこんな冗談も飛ばしていた。

「本来、放送局さん同士は仲悪いんですけど（笑）」

大﨑さんは、ビジョンを描くだけでなく、ビジョンを描いたからこそやってくる逆境を、すべて笑いに変えてきたのだろう。

2012年にシリコンバレーで「ディープラーニング」に出会ったAI普及の鍵を握る若者

岡田陽介

株式会社ABEJA
代表取締役社長CEO兼CTO

×

板東浩二

Yousuke Okada

1988年、愛知県生まれ。10歳からプログラミングを開始し、高校在学時、コンピューターグラフィックスを専攻し文部科学大臣賞を受賞。ITベンチャー企業に入社。その後、シリコンバレーに滞在。帰国後、AIを扱うベンチャー企業・株式会社ABEJAを起業、以来現職。ABEJAとはスペイン語でミツバチのこと。植物の受粉を手伝っているため、いなくなったら地球上から生物がいなくなる。「AIもなくてはならない存在になると考え、この名前をつけました」

どうもＡＩが世界を変えるらしい

最先端を行く人物に話を聞くと、次に来る世界が見える。そして、多くが「ＡＩによって世界が変わる」と言うのだから、私は「そう言わせるだけの何かがある」と考える。

人は、知らないことを嫌う生き物だと思う。だけれども、新しい何かを知ることを、絶対に怖れたり、面倒がったりしてはならない。

そもそも、日本がアメリカにＩＴ化で後れを取ったのは、日本の企業が新しいものに反応しなかったからだ、と私は考えている。経営者の仕事は次の時代を見据えること。すなわち、新しい何かに対応しようとしないのは経営者としての怠慢だ。

ABEJA(東京都港区)の岡田陽介社長は、お話しした時、弱冠28歳だった、ＡＩを様々な企業に普及させるべく、株式会社ABEJAを起業し、多くの大企業がこぞって出資をしている。

ＡＩは何を変えるのか、私は「この宝の山、早い者勝ちだ」と感じた。

AIがSNS市場を変えていく!?

板東　世間では「AIは近いうちに人間の能力を超える」「AIによって人間の仕事がなくなる」といったイメージで語られていますね。これ、本当ですか?

岡田　既に一部、**人間の能力を超えている**と思います。ただし、人間の仕事がなくなることはなく、AIは強い味方です。さらに、SF映画のように人間を攻撃することもありませんよ。

板東　では、AIの仕組みからお教えください。

岡田　**AIは「ディープラーニング(深層学習：コンピューターが物事を理解するための学習方法のひとつ)」により、一気に進化しました。**

我々人間は、リンゴの写真を見れば「これはリンゴ」とわかります。しかしコンピューターに判別させるのは意外と難しいんです。赤くて丸ければリンゴ、と教え、コンピューターに赤信号の写真を見せたら「リンゴだ!」と判断します。「ヘタがあったらリンゴだよ」と教えるため「赤い丸のどこかから茶色の線が出ていたら……」と教えても、サクランボを見せたら「リンゴだ！」と間違えます。そこで「サクランボと違って、表面にちょっと色が違う点があるよ」と教えても、今度は丸に近いイチゴを見せたら「リンゴだ！」となってしまいます。こうして人が何百時間もかけて「リンゴはこういうもの」と定義したのに、青リンゴを見せたら、今度は「色が違うからリンゴじゃない！」と言い出します。

今までは、人間が「なぜこれがリンゴなのか」を定義し続け、さらに「なぜこれはリンゴじゃないか」も定義し続けなくてはならなかったのです。すなわちコンピューターには「リンゴかどうか」といった簡単な判断も任せられなかったんです。

しかし、この問題が解決し、コンピューターが判断力を持つようになりました。

板東　きっかけは……？

岡田　人間がどういった理由で「これはリンゴ」と判別しているかを研究した結果です。まず、コンピューターにリンゴの写真を見せます。すると、コンピューターは1ピクセルを見て、次にその周囲1ピクセルも見て、周囲2ピクセルも見て……と範囲を広げて分析していきます。1ピクセルの分析が終わると、隣の1ピクセルに移って、また、周囲1

ピクセルを見て、周囲2ピクセルを見て……と繰り返していきます。そして、この作業を終えたら次の写真、と続け、リンゴの写真を何千枚も分析させます。

するとリンゴの写真ならではの「特徴」がつかめてきます。「リンゴならではのいびつな感じ」とか「拡大していくと表面に粒のような模様がある」といった、画像に共通して現れる特徴を把握していくのです。もちろん、コンピューターはリンゴを見て「おいしそう！」と思ったりはしません。でも、リンゴの画像に共通する特徴をつかんで、画像を見せると「これはリンゴの可能性が高い」と人間の直感に似たものを持ちます。

さらに、信号機、サクランボ、イチゴなど、リンゴと似た画像も見せ「これはリンゴではない」と教えると「赤いとか、丸いとか、リンゴに似た特徴を持っているけど、この特徴が現れた場合はリンゴじゃない」とも学んでいきます。そして、コンピューターに様々な写真を見せると「これはリンゴ！」「これはリンゴじゃない！」と判断し始めるのです。間違ったら「いや、これはリンゴじゃないよ」とか「これ、リンゴだよ」と教えていくと、さらに精度が高まっていきます。

板東　人間に似てますね。例えば、いろんな人に会うと「機嫌が悪いのかな？」なんて気付けるようになりますよね。これも、表情や声色から「機嫌が悪い人の特徴」を抽出しているんでしょう。

岡田　おっしゃる通りで、人間が何かを認識する仕組みをモデルにつくられたものです。以前から、この方法でコンピューターに学習させれば人工知能ができないか？と研究対象になっていたのですが、作業が膨大すぎて、実用化できませんでした。パソコンで処理を終わるまで何百年、といった現実的でない時間がかかったんです。しかし最近、コンピューターの性能が飛躍的に上がり、同じ作業が何百時間かで終わるようになったことで、実用化されたんですね。

板東　もう、世の中の役に立っていたりしますか？

岡田　例えば**スマートフォンの「Googleマップ」に「池袋何の何の何……」と住所を話すと、おおむね言った通りに変換してくれます。この音声の判別はAIが行っています。**周波数は1本の線で表されます。そして、アナウンサーの方が話す「いけぶくろ」と、外国人の方が話す「いけぶくろ」と、雑踏の中のうるさい場所で方言がある方が話した「いけぶくろ」では周波数が違います。しかしＡＩは様々な「いけぶくろ」の周波数を学び、その特徴を知っているので、ざっくり「こう聞こえたら『いけぶくろ』と言っているよね」という直感を持っているんです。

板東　なるほど。画像だけでなく、音声も学べるんですね！

岡田　あとはFacebookでも使われています。例えば私が友人のＡさんと一緒の写真を投稿しようとすると、コンピューターに、これはＡさんではないですか？　岡田さんが投稿した写真に**Ａさんをタグ付けしますか？と聞かれますが、これもＡＩで解析された情報をもとに聞かれている**んです。私は「これが岡田陽介です」と自分の写真を登録しています。そして、自分が映っている写真も投稿します。するとＡＩが「画像の中にこういう特徴が存在したら岡田の顔なんだな」と把握するんです。いまは動画からも特徴を抽出できますよ。

人間を超えた「ＡＩ店長」が小売店を変える

板東　ＡＩが画像や音声を判断できるようになって、それが実際の産業にどう応用されていくんでしょう？

岡田　**例えば工場の検品です。今までは人間がずっとラインを見ていて、おかしい製品を弾いていました。しかしＡＩに正しい商品の色や形を学ばせれば、ＡＩが異常な品を弾いてくれます。**いきなりＡＩに任せても精度が悪く、不安かもしれません。しかし、最初はＡＩがアラートを鳴らす製品を人間が確認すればいいんです。そして「これは問題なかった」「これは問題があった」と学ばせていけば精度は上がり、人件費を大幅に減らすことができますよ。

また、**機械が壊れる前に「そろそろです」と知らせることもできます。**製造機械の温度、回転数などの微妙な変化を記録するセンサーをつけ、データを取得し、機械が壊れた時のデータをＡＩが学ぶと「そろそろ壊れますよ？」と指摘してくれるようになるんです。

板東　視覚、聴覚に代わるセンサーから取り込んだデータを使ってディープラーニングできるわけですね。これ、機械だけでなく医療にも応用できませんか？

岡田　既に一部、**診断に応用されています。CTスキャンの結果をお医者様が見ても、小さな異変を見逃してしまうことがあります。しかしAIも併用すれば、お医者様に「これ、病気じゃないですか?」とフィードバックできる**んです。工場の検品と似ているかもしれません。

板東　ほかにも、こんな業界で役に立つ、とかは?

岡田　それがアイデア次第で、面白いところなんですね。なかでも小売り・流通業です。

例えば、仕入れが変わります。コンビニや小売店の発注作業は熟練の技を必要としています。店長さんが30分も1時間もかけ「この時期はお豆腐が売れるから、木綿が何丁で、絹が何丁」「最近、近くで工事が始まったから、がっつり食べたい男性向けのお弁当を多めに仕入れよう」などと注文していました。しかし販売データをAIに学ばせると、発注作業がボタンひと押しになります。

仮に、ある店で毎年、4月1日になると妙に若い女性向けのお弁当が売れていたとします。人間は1年前に1日だけ表れた傾向などなかなか覚えていませんが、AIは「これが売れた」という特徴を記憶していて、女性向けのお弁当を多めに発注してくれます。そして「なぜ？」と思った人間が調べてみると「4月1日には近所の○○美容室さんが全国の女性の美容師さんを集めて研修を行っていた」とわかったりします。AIは「○○美容室の研修がある」とはわかりませんが「なぜか4月1日だけ女性向けお弁当の売り上げが若干伸びる」という特徴を把握してくれるんです。もちろん売り上げデータだけでなく、天気などと関連付け「明日は寒いからこれが売れる」と発注してくれます。現在は、発注を基本的にAIに任せ、店長さんが少しだけ調整している小売店さんもあるんですよ。これは、現状ABEJAが提供しているサービスではありませんが、様々な業界で利用され始めています。

板東 人間は記憶力に限界があるけど、コンピューターはきっちり覚えてるわけですね。しかも、人間の店長は退職してしまったり、異動でどこかに行ってしまったりするけど、AI店長なら引き継ぎの心配もなく、ずっとデータを貯めておける、と。過去の売り上げデータからもディープラーニングできるのはいいですね。

岡田 また、弊社が小売り・流通向けに提供しているサービスのひとつですが、**店内にカメラを設置し、データをAIに読み込ませると、今までになかった**

正確なマーケティングデータを取得できます。

カメラでお客様の入店を確認したら、ＡＩが「40代くらいの男性」「20代くらいの女性」と判断します。そして店内のカメラで、この男性や女性が、お店のどの棚を何秒くらい見てまわったかデータを取得できるんです。すると「40代男性はこの棚を見ていたから、この商品はここに置いたほうがよくないか？」と商品の並べ方を変えられます。また「この店舗には20代女性はあまり来ないから、この商品は置いていても意味がない」とか「夕方になると40〜50代女性が増えるから、目立つ棚にこの商品を置いておこう」といった細やかな対応も可能になります。

ほか、複合商業施設に入ったお店で、店の前の通路にカメラを設置すれば**「先週は店の前を通った人が何人。うち入店したのが何人だから、入店する確率は何%だった」といったデータを性別、年齢別に取ることが可能**です。

そして「今週はこの品を店先に置いて割引セールを行ったら、20〜40代男性の入店が何%に増えた。来週は女性向け商品の割引セールを行い、店の中でこの商品を目立たせよう」と戦略を立案できます。実際に、導入した店舗では売り上げが大幅に伸びているんです。

この店では、アルバイトさんが「何歳くらいの人が入店」と打ち込んでいたんですが、接客に気を取られて打ち込み忘れることが多く、ＡＩに任せたら正確なデータを取得でき、客層に合った品を揃えられるようになったんです。もちろん接客品質も向上しました。今後は、ＡＩを導入している店舗と、そうでない店舗では、大きな差がつくでしょう。

板東　営業でも役に立ちますか？

岡田　ええ、まだ実現していませんが、カメラとマイクでお客様の表情や声をモニターできれば「この表情とこの単語が出た場合は、この内容を話すと成約率が上がる」とか「この声音の場合は絶対ムリだから退散！」とか(笑)、個人の経験・判断に頼っていた部分を標準化できるかもしれません。

現在はコールセンターでの活用が始まっています。お客様が「料金」という単語を口にしたら、オペレーターさんの前のパソコンに料金表が表示される、といった形です。実際にオペレーターの対応時間は短縮できていますよ。

板東　さっそく導入しなきゃ(笑)。

AIがもたらす「コンテンツ業界の革命的進化」

板東　私事で恐縮なのですが、ＡＩを使って「ひかりＴＶ」のサービスを向上できますか？　映像配信、クラウドゲーム、電子書籍とかいろいろあるのですが。

岡田　すぐに実用化できるのは、動画を見終えた方に「この動画がおすすめ」と伝えるレコメンデーション機能の向上です。現在、アメリカではYouTubeなどのレコメンデーション機能が次々、ディープラーニングベースに変わってきています。今までのレコメンド機能は「これを再生したら〝これがおすすめ〟と表示する」といった程度の機能しかなく、どのユーザーが再生しても、同じ作品が「おすすめ」として表示されていました。個別最適になっていなかったんです。

板東　これ、利用範囲はビデオ・オン・デマンドに留まりませんよね。民放さんや「ひかりＴＶ」の様々なチャンネルのなかから、ＡＩがユーザーの好みに合う番組を選んで「この時間帯はこの番組を録画、この時間帯はこれ」と自動的に録画していけば、ユーザーの皆さんが全員、自分だけの特別編成チャンネルが持てます。

岡田　それ、いいですね（笑）。データを細かく取れば、もっと最適化できますよ。ユーザーさんがここを繰り返し見た、ここは早送りした、といった履歴がわかれば、その方の嗜好がより鮮明にわかります。

板東　ユーザーさんが作品を見て、どこで視聴を中止したか、どの作品は最後までご覧になったか、というデータは取得できますね。

岡田　であれば、お客様に最適なコンテンツを届けるだけでなく、コンテンツ制作側にもデータをフィードバックできますね。どんな性別、年齢、属性を持った方が、どのシーンで見るのをやめたか、と分析すれば、作品のクオリティーが上がるはずです。熟練のプロデューサーでも「このセリフ、ぜんぜんウケなかったのか！」なんて驚くこともあるはずです。

板東　もう思い切って、ＡＩがコンテンツをつくることはできないんですか？

岡田　実は、ある程度は可能なんです。ＡＩにゴッホの作品の特徴をディープラーニングさせた上で写真を見せると、ＡＩが写真をゴッホ風に変換してくれるんです。ゴッホの絵画によく現れるパターンを学習して、タッチをマネするんです。もちろん、レンブラント風にも、ジブリ風にもできます。

ただし、これは元々、ゴッホが歴史に残る名画を残したからできるわけで、ＡＩはゴッホのような新たな作風を創造することはできません。できても、ゴッホの絵、レンブラントの絵など、歴史に残る名画の作風をミックスして新しい絵をつくる、といったことくらいです。あと、著作権がある作品をディープラーニングに使った場合、その権利が誰にあるのか決めるのは難しいので、現在は自動で色を塗るなど、人間の作業を軽減できる方向に行くんじゃないか、と考えられています。

板東　作曲はどうですか？

岡田　こっちもＡＩの適用領域になっています。人間が耳に心地良いと感じるメロディーラインをディープラーニングさせると、その特徴を把握して、ＡＩが作曲してくれるんです。80年代のポップスの特徴を学ばせればそれ風に、ショパンのピアノの特徴を学ばせればショパン風に、さらにはユーザーが「この曲、この曲」と指定していけば、その人風の曲をつくれますよ。

板東　じゃあ、ひかりＴＶのカラオケ機能を使って何十曲か歌ってくれたら、あなたのための曲をＡＩがプレゼント！なんてできるわけですね。

ようするに、今後はＡＩを使ったまったく新しいサービスが次々生まれてくるんでしょう。例えばＡＩが旅先を考え、店を決めてくれる、さらにはＡＩが一緒に飲む人を紹介してくれて、気が合う仲間とワイワイ話せる、とか。

岡田　**ＡＩの導入は、速さとアイデア勝負です。**

板東　ちなみに当社は「ひかりＴＶショッピング」というネットやテレビのリモコンで買い物ができるサイトを運営していますが、ＡＩは活用できますか？

岡田　ちょっといやらしい話ですが……離脱しそうなユーザーにだけクーポンを発行する、なんてことができます。ＡＩで通販サイトを分析したところ〝必ず離脱する人がたどるルート〟が出てきているんです。このルートをたどった瞬間「このままだと離脱するので、何%引きのクーポンをあげよう」といった判断ができます。一方、定価でも買ってくれる人は、そのルートがあるので割引の必要はありません。購入原価をＡＩに教えておけば、その原価の範囲内で、割引率をＡＩに調整させ、このルートを通ったら4%引きが最適、このルートの場合は6%引きが最適、と細かい対応ができます。

板東　ユーザーが買わなさそうな感じだと「えーい、○%引きの大盤振る舞いだ！」と始めるわけですね。ユーザーさんも買わないそぶりをすればＡＩに割引率がいいクーポンを出してもらえるわけだから、まるで店員さんと値切り合っているみたいですね。

岡田　あと、ユーザーインターフェースの利便性を高めることができます。このボタン操作のあとはこのボタンを押す確率が高い、とわかれば、ボタンを大きくする、自動で選択するなど、入力を簡略化することができます。また、ユーザーに合わせ、インターフェースを変えることもできます。いつも映画をご覧になるお客さんが電源を入れると、最初から映画の画面が出てる、とか。

また、これらを音声で操作することも可能です。「Google Home」や「Amazon Alexa」「LINE Clova」のように、話しかけるだけで反応が返ってくるユーザーインターフェースをつくれたら面白いですよね。「ＡＩに関する番組は全部録画しておいて」とか「元気が出る曲かけて！」と言って済むならラクです。ユーザーが集まればＡＩはどんどん賢くなりますよ。

板東　きっと未来はそうなっているでしょう。勉強になります。

岡田　ここまで興味を持っていただけてうれしいです。まだ、日本の経営者の多くが、ＡＩと言っても「うちは製造業だから関係ない」とか「よくわからないからやりたくない」といった感覚なんです。しかし**ＡＩは今後、電話やメールのように「ビジネスになくてはならないもの」になっていくはず**です。だから、こうして興味を持ってくださることがうれしいですね。トップが詳しければ、社員さんたちも進めやすいでしょうから……。

岡田氏の話を聞いているうち「第４次産業革命」の本質が見えてきた。センサーと、通信と、データと、ＡＩ、この組み合わせで、今までにないアイデアが実現できるのだ。例えばクルマ。四方にカメラなどのセンサーをつければ「これじゃ前のクルマにぶつか

りますよ」と自車が運転手に警告を発してくれる。これは既に実現済みだ。そして通信ができるようになると、ほかのクルマと通信し、仮に前のクルマが急ブレーキを踏んだら自車も急ブレーキを踏む、といった「車車間通信」が可能になる。だから、車間距離を最適化でき、渋滞が減る。センサーと組み合わせれば、事故っぽい揺れを検出した瞬間、コンピューターが運転手に「事故じゃありませんか？」と質問し、回答がなければ自動で110番、119番に通報してくれるようになる。そして、ビッグデータが貯まればＡＩが「このままだとここで燃料が切れます、このガソリンスタンドが一番安いので給油してください」とか「この日はこの道のほうがすいていますよ」と教えてくれるようになる。「この道にはこのＢＧＭで」などと進化すればコンテンツ産業にも関係してくる。自動運転が実現したら「何時間何分で着くので、この映画はどうですか？」と対話ができたりするかもしれない。技術の進化を理解すれば、アイデアは無限に湧いてくる。

ＡＩの市場は数十兆円。制するのはこの企業だ

板東　岡田さんは28歳でここまで行っているのがすごいですよね。起業のきっかけは何だったんですか？

岡田　シリコンバレーに行き、ディープラーニングによって世界が変わると感じたんです。一方、これは日本の危機だ、とも思いました。この変化に気付いている企業がまったくなかったんです。そこで、**「誰もやらないなら自分がやるしかない」**と考えて、帰国後の2012年9月にABEJAを設立しました。

板東　会社設立の時、AIの研究でなく、AIの導入を手伝う部分をビジネスにしようと考えたのはなぜですか？　ABEJAさんに頼むとコンサルしてもらえるんですよね？

岡田　カメラなどの機器をお貸し出しし、得たデータを現場の方たちが活用するためのプラットフォームもご提供しますよ。ここに絞ったのは、地味で真似されないからです。世界にはGoogleなど、知名度が高く資金も豊富で、AIに関しても先進的な研究を行っている企業が存在します。ここと重なる仕事を行う意味はありません。そこで、私はターゲットをリアルに絞りました。AIとは何かをお伝えし、私たちもクライアントのビジネスを理解し、どこでAIが役立つのか、コストは見合うのか、と一緒に考えていくんです。AIを現場で活用する場合も、データを取得するためのカメラやセンサーが必要です。ここで得たデータには現場の方がリアルタイムでアクセスでき、誰にでもわかる形で表示される必要もあります。これらの業務ならGoogleとバッティングしません。

板東　戦略的ですね。今後、AIはどんな分野に広がっていくと思いますか?

岡田　限りなく広がっていきますが、なかでも**必要なのは「アイデア」**です。

仮に、ユーザーさんの問い合わせに答えるAIを開発したとします。絶対に間違えられない、と考えたら「AIは使えない」となってしまいます。一方、マイクロソフトは「りんな」という、LINEで会話できる〝女子高生AI〟をつくりました。りんなは犬の写真を送ると「ダックスフント!」などと犬種まで当てたりしますが、逆にちんぷんかんぷんな回答を送ってくることもあります。そしてユーザーは「どう返してくるのかな」と会話を楽しんでいるんですね。

なら「ひかりカエサル」くん(ひかりTVのキャラクター)の弟としてAIカエサルくんを登場させ「LINEでお問い合わせに答えます」、「まだ勉強中なので、一緒に育ててあげてください」と会話すれば、ユーザーさんのご理解を得られるかもしれません。「ＡＩカエサルに聞いて、わからなければユーザーサポートに問い合わせよう」となるだけでもサポートデスクの負担は減らせるでしょうし、ＡＩカエサルくんも慣れれば賢くなります。すなわち、**ＡＩは意外と、フレンドリーなコミュニケーションに向いているかもしれないんです。**

また、高齢者の方がＡＩに話しかけるだけで生活必需品が届いて、見守りサービスにもなる、といった未来は容易に想像できます。このあたりは、通信、介護、警備など、様々な企業が参入してくるでしょうね。

板東　そして当然、最初に開始した企業が優位に立つ、というわけですね。ちなみに今、ＡＩのビジネスのマーケットはどれぐらいのサイズなんですか？

岡田　把握している人がいないので、我々も回答に困る質問なんです（笑）。将来は、恐らく数十兆円産業になるとは思うのですが。

板東　何を制した者が、このマーケットを制すると思いますか？

岡田　……**我々の解は「データ」です。**介護の企業がＡＩに様々なことを学ばせ「この場合はこれを届ける、この場合は人を呼ぶ」といったデータができたとします。これを自社で使うのは当然、データを他社に販売して収益を上げるモデルが築けます。将来的にはデータを販売する部分も、当社がサポートできるのかな、と思います。

板東　ひかりＴＶのデータは売れそうですか？

岡田　コンテンツ制作の革命が起きるかもしれませんね。例えば、どのセリフがウケたのか、どの音楽で感動したか、どこを早回ししたか、そんなデータを取って、コンテンツ制作側にフィードバックするんです。データが、性別、年齢、地域別に分かれていたら、今までにないデータが出てくるかもしれません。

板東　やっぱり九州の男はアツい場面が好き、とか。

岡田　プライバシーの問題はありますが、仮にユーザーさんの顔認識が可能なら、ここで笑った、泣いた、席を立ったとか、このコンテンツは親子で見た、といった詳細なデータを取得できます。これも、様々な企業に販売できるかもしれません。

板東　間違いなく、今後は様々な仕事がＡＩのサポートを受けつつ行われることが当たり前になることがわかりました。今は「そんなことできるのかなぁ」と思っても、技術は必ず進化しますから。

逆に、ＡＩにはできないことってどんなことですか？

岡田　今までこんな会話をした割に、人間的な活動の多くがＡＩには不可能なことばかりです。例えばクリエイティビティー。既にＡＩが記事を書いていますが、天気予報や為替など「いつもの文章」をまとめているだけです。取材先の人と仲良くなり、大切な情報を聞き出すとか、得た情報のどこが読者にとって大切か判断しながら文章を書くことは、ＡＩには当分ムリでしょう。店舗だって同じです。お客様と話をして、悩みを聞いて、信頼を勝ち得て……といった人間的な作業はＡＩにはできません。

板東　ＡＩで多くの職業がなくなると言われていますが、ようするに、そのＡＩを使う側に立てばいいわけですね。

岡田　ええ、機械にできる部分は機械に任せ、機械にはできないことを人間がやればいいんです。

最近、トプコンの平野聡社長と交流を持っている。建築現場の様々な機械をGPSやセンサーによって自動制御することにより、機械がほぼ自動で動いて、設計データ通りにつくっていくというから驚きだ。この「マシンコントロールシステム」は農業にも応用できるらしく、種をまき、肥料を与え、収穫を行う作業も人の手から離れていくという。ここからビッグデータを取得すれば「どんな状況になったら肥料を撒くか」といった判断もAIが行えるようになるらしい。お米が自動でつくれる時代が来たら、人類の食糧事情はどう変わっていくのだろう？　と想像するのは楽しい。いずれにせよ、この進化は我々にひとつの事実を突き付けてくる。センサー、データ、AIを使えば、様々な産業が激変する。そして今後は、そのアイデアを出す人間が経済を制する時代が来るのだ。

余談だが、そのように考えるとますます、現在の教育と現実が遠く乖離していることが懸念されてならない。エクセルがあれば一瞬で終わる程度の計算を間違えない能力や、検索すれば0・0数秒で表示される知識を暗記する能力は、現在でも本当に必要なのだろうか？
検索しても、エクセルを使っても導き出せない答え。それを導き出すのが、今後の人間の仕事なのだ。

シリコンバレーの青年と、日本の青年を分けるもの

板東　最後に、岡田さんの経歴を教えてください。どういった経緯でＡＩに出会われたのか、興味があるんです。

岡田　初めはただ、好きで、パソコンを始めたんです。私が通っていた小学校にパソコンが置いてあって、１９９８年頃……私が小学校5年生の時、初めて触ったんですね。この出会いは感動的でした。子どもなら誰でもそうかもしれませんが、私の行動範囲は自転車で行ける程度、ところがマニュアルに従ってインターネットに接続すると、世界中にアクセスすることができたんです。

板東　ネットでは、何をご覧になっていたんですか？

岡田　私は「コンピューターってなんで動いているんだ？」といった方に向かい、自分でコンピューターサイエンスやプログラミングを学んでいきました。**どこに興味を持つかに、人間性が出ますよね**（笑）。

板東　独学ですか？

岡田　ええ、大学に入学した時点でプログラミング歴8年とか、そんな感じだったので、授業でワードやエクセルから学んで……というのがちょっと退屈だったんです（苦笑）。その後、学生時代に起業して見事に失敗しています。

板東　何かのレールに乗って学ぶ人間より、必死で独学していく人間のほうが強いですよね。みんながやるからやるとか、儲かりそうだからやるとか、認められたいからやるとか、モチベーションが外にある人間って、長続きしないんです。でも岡田さんのように、好きだとか、好奇心が抑えられないとか、モチベーションの源が内在している場合、その人のビジネスは熱量が高い。自分で学ぶし、ずっとそのことばかり考えているからアイデアも出てきます。岡田さんがすごいと言われる理由がわかった気がしますね。

でも、学生時代は失敗した(笑)。

岡田　はい。数人で、ちょっとインスタグラムに似た画像をシェアするサービスを立ち上げたんです。どんどんユーザーも増えたんですが、次第にサーバーの費用がかさんできたんですね。今であれば資金調達を考えると思いますが、当時はそんなこともわからず、「あと1か月で確実にキャッシュアウトして死ぬぞ」とわかって、静かにサーバーの停止ボタンを押す、という……。

板東　それは失敗じゃなく、成功に至る道のりでしょう。シリコンバレーに行かれたのはその頃ですか?

岡田　その後、ITベンチャー企業に就職し、社長の厚意でアメリカに行く機会をもらえたんです。

板東　シリコンバレーは日本とどう違いましたか？

岡田　そこなんです。Apple, Google, Facebookといったコンピューターサイエンスの分野の中心で仕事をされている方、勉強されている方と直接会う機会をいただくと、自分とどこかが違っていました。しかし、頭がいい、知識がある、信頼を集めている、といったことじゃなかったんです。次第に、彼らには共通の理念、合い言葉のようなものがある、と気付きました。

板東　それは……？

岡田　**「Change the World!」です。アメリカの起業家たちは本当に「世界を変えよう」としているんです。**この点に関し、私は意識が違い過ぎて驚きました。イーロン・マスクが「電気自動車をつくります」と言っていた話も現実になっています。また「宇宙船をつくろうと思ってるんだ」といった会話が、ごく普通に行われていました。日本では「宇宙船を」と言っても……。

板東　「何言ってんの？」と言われますよね。

岡田　でも彼らは本気でビジネススキームをつくろうと思っていますし、それが可能な科学技術を理解した上で口にしています。また、共通認識があります。コンピューターサイエンスを研究し、成果を開発に活かして何かをつくり、これをビジネスにつなげ、得た資金をまた研究に投じる、というサイクルが当然のこととして進んでいくんです。だから、大学と企業の連携も取れています。

率直に言って、最初はへこみましたね。でも、違うのは「本気度」なんだ、とわかって、道に光が差したような気がしました。

板東　未来のビル・ゲイツさんのような人が周囲にたくさんいたら刺激も受け、へこみもするでしょう。でも、その違いは心の中にあった、と……。

岡田　そんななかでディープラーニングと出会い、日本の現状に危機感を覚え、２０１２年、どなたに説明しても「人工知能……？」みたいな状況から会社をスタートしました。企業理念は「イノベーションで世界を変える」です。我々は既に「世界を変えられないビジネスはしない」「利益は上がるけれども、世界を変えられないなら絶対やらない」と意思決定しています。この理念は将来も変わることはないでしょう。

板東　本気の方は、言葉も、佇まいも、凛として美しいですね。今日のお話、鮮烈でした。ぜひＡＩに関する取り組みを始めさせてください。

岡田　喜んで。**私たちがやっていることは、数年後には必ず、当たり前になっていると思いますので。**

ショートフィルムの可能性にいち早く気付き、
20年かけ一大市場を築いた
〝俳優経営者〟

別所哲也

株式会社パシフィックボイス
代表取締役

×

板東浩二

Tetsuya Bessho

1965年、静岡県生まれ。1987年、慶應義塾大学在学中に俳優としてデビューし、1990年に日米合作映画『クライシス2050』でハリウッドデビュー。1999年に日本発の国際短編映画祭「ショートショート フィルムフェスティバル & アジア」を主催。2009年に、この取り組みが認められ、観光庁「VISIT JAPAN大使(旧:YOKOSO! JAPAN大使)」に任命され、文化庁から文化発信部門の長官表彰を受け、翌年、内閣官房知的財産戦略本部コンテンツ強化専門調査会委員に史上最年少で就任。

「ショートフィルムの時代」の到来を20世紀中に予測した人物がいた

昨今、YouTuberが人気を集めるなど、動画のニーズが急激に高まっている。今後、もっと高まるだろう。当社も「DAZN《ダゾーン》」を視聴可能にするなど対応しているが、今の流行にはちょっと違う側面がある。配給会社経由の作品でなく「普段は学生です!」といった元気なクリエイターの方がアイデア次第で大ヒット動画をつくる時代なのだ。森川亮さんの「C CHANNEL」も同じ。当社も当然、クリエイターの勢いを借りたいのだが、なにしろNTTはインフラの企業だ。当社もクローズドの光ネットワーク(例えば年末年始などデータのトラフィックが多くなってもその影響は受けない)を使って映像作品を届けるサービスを提供しており、その後自社コンテンツもつくり始めたが、才能をお持ちの一般の方に作品を自由に公開してもらうことにまでは踏み込めなかった。著作権や倫理に反する動画が上がったら?などと考えると「作品を自由に投稿してください」とはいかなかったのだ。「これからは個人の力が大きくなる時代」とはわかっていたのだが……。

そんななか、我々は素晴らしい相手とアライアンスを結ぶことができた。俳優の別所哲也さんが創業したパシフィックボイス(東京都渋谷区)だ。同社は1999年から「ショートショート フィルムフェスティバル & アジア(SSFF & ASIA)」を開催しており、現在、世界中から毎年約9000本ものショートムービーが集まるという。スマホの時代になって、尺が長い動画だけでなく、数分~十数分のコンテンツが求められる時代が来た。また、フィルムフェスティバル受賞作品だとなれば、見る側も「誰の動画だろう?」でなく「これは面白い」とお墨付きを得た動画を視聴可能だ。すぐに「ショートショート フィルムフェスティバル & アジア」に協賛させていただき、ひかりTVにも動画を提供してもらうことになった。自分でできなければ、ほかの方のお力を借りればいいのだ。

そういった考えのもと、私は別所哲也氏のお話を聞きたいと思った。俳優として一流、さらには事業家としても、90年代から現在の流行、有望な分野を見極め、事業を始めていたことになる。彼はいかに、このビジョンを描いたのか。さらには「俳優にして起業家」という希有な経歴の人物は、世界をどのように捉えているのだろうか?

ハリウッドが面白い2つの理由

板東　別所さんが俳優になられたきっかけってなんだったんですか？

別所　大学入学後、英語劇を始めたことです。当時、漠然と「英語を学んで商社マンになって、海外で働きたい」と思っていたんですね。

就職活動の時にもきっかけがありました。当時はバブル期で景気が良くて、採用も「この大学から100人！」といった形で、大学や学部を基準に大量採用されていたんです。

かたや「演じること」って、肩書きじゃないんですね。「一般的にはこう表現するだろうけど自分ならこう演じる」とか「自分はこの役はこう解釈する」とか、自分らしさや人間性と向き合うことが仕事です。そして……青臭い話かもしれませんが、僕は肩書きじゃなく、身ひとつで生きていくほうに惹かれ、俳優になろうと思いました。親からも「おまえが？」と驚かれましたが(笑)。

板東　ほとんど日本の芸能界を経由せず、ハリウッドに行っちゃいましたね。

別所　大学卒業後、ミュージカルのオーディションを受けたら、「少年A」の役がもらえました。この劇が国際プロジェクトで、主演は真田広之さんのほか、ロン・リチャードソンというトニー賞を取ったブロードウェイの俳優だったんです。稽古場でもリハーサル場でも英語と日本語が飛び交っていて。だったら「世界のオーディションを受けてみよう！」と思ったんですね。

きっかけは、子どもの頃、英語が好きだっただけなんです。でも好きだった英語を通じて演劇を始め、表現したり、人と深い部分でつながることってこんなに面白いんだ、と感じ、やってみたら世界に出て行きたくなりました。振り返ると、**最初に「これはやりたい」と決めてかかるより、自分の心が震える何かにパッと打ち込み、そこでもっと本質的に「あ、これがやりたかったんだ」と感じるものに打ち込んでいく、という進み方もアリ**なのかな、と思いますね。

板東　ハリウッドはどんなところでしたか？

別所　最も強く感じたのは**「毎日がオーディション」**ということです。ハリウッド映画でよくある展開ですが、映画『ワーキング・ガール』のようにいきなり重役に抜擢されることとって、アメリカでは本当にあるんです。逆に、トランプ大統領が司会していた番組で言う決めゼリフの“You're fired”（オマエはクビだ！）されちゃうこともあります。アメリカでは、自分の仕事をアピールして、スペシャリストとして雇われる、という転職が基本です。俳優の仕事も同じで、常にアピールして**仕事は勝ち取っていかないと、自分の役割はまわってこない**んですね。

板東　**主張できない人は、嫌われもしないけど味方もできない**、といったところでしょうか。でも、アピールも真剣であれば、安っぽいアピールじゃなくなりますよね。

別所　板東さんは人を抜擢されるとき、どんなところを見るんですか？

板東　新規事業なんかは、だいたい社員に広く意見を求めて、真剣にやりたい、という思いにのっとってます（笑）。**人の思いはつぶしちゃいけない。活かすのが上司の役割**です。

ところで、向こうのコンテンツのつくり方って、日本とどう違うんですか？

別所　印象に残っているのは「哲也、**アメリカは〝ノウハウ(Know How)〟じゃなく〝ノウフー(Know Who)〟の社会**だよ」と言われたことです。ざっくばらんな場で「こんな作品撮りたいね！」と盛り上がって、そんなところからビジネスが生まれるのはアメリカも日本も同じです。でも、ああしたいこうしたいと話すうちに「機材がない」「これができる技術がない」となりますよね。そんな時アメリカでは、じゃあこの機材をつくれる人、技術を持った人を世界中から探そう！となるんです。

なんとかしちゃうんです。もちろん、日本にもこのタイプの人はいます。でも「与えられた予算がこれくらいだから」とか「機材が」「日程が」と、いま目の前にある枠組みのなかで考える人が、ちょっと多い気がしますね。

板東　それ、アメリカのＩＴ関係者と話しても、同じことを感じます。

私、いつも**「出会いは最高のレバレッジ」**と言っているんです。自分の実力が、人との出会いでレバレッジ(てこの原理、1のものを10にする、といった意味合い)が効いて何倍にもなるんです。別所さんがさっきおっしゃってた「毎日がオーディション」って、イコール「一瞬の出会いを大切にする社会」と言い換えられますよね。それが常識だから、機材や技術なんて壁があっても「出会いを求めればなんとかなる！」という思考法が当然になっているんでしょう。

別所　当時、まだ20代だった私にはちんぷんかんぷんでしたが(笑)、言葉は心に残ってたんですよね。「ノウフー、誰かに出会ったら、何か成し得るかを察知する能力、直感がなければ、自分のやりたいことは成し得ないよ」と――。ほか、こんなことも言われました。私が23歳の時、いきなりギャランティーが10万ドルの役をもらえたんですね。撮影現場でも、とにかくすごい厚遇で、個人の楽屋としてキッチンがついたキャンピングカーやコンドミニアムを与えられました。そして、僕が驚くと、向こうのプロダクションマネジャーがにやっと笑って**「こういうのってアメリカンドリームなんだけど、チャンスを活かして次に何をするか。それがない限り、先はないんだよ」**と言ったんです。

板東　メジャーリーガーなんかもそうですよね。ドーンといくときはいく。実力がなくなってきたらサヨウナラ、と。これ、深いですね。だから様々な若い才能が出てくるんでしょう。人事に取り入れようかな(笑)。

別所　**ハリウッドは「巨大な器」だと感じます。様々な仕事を世界中に依頼する仕組みと、世界中から様々な才能が集まる仕組みを持っているん**です。若くても、どの国の出身でも、才能が認められれば予算がつき、作品を制作できます。

板東　国内でも、業績がいい企業、人や情報が集まる企業は同じことをしてますよね。

別所　私は、これくらいのことなら、日本でももっともっとできると思うんですよね。

このあと、恐縮ながら当社の話で盛り上がった。少しだけ〝自社語り〟を許されたい。

90年代半ば、ＮＴＴには今の楽天さんのようなビジネスモデルを目指すＥＣ（ｅコマース、電子商取引）の子会社があった。でも当時、ネットへの接続はダイヤルアップで、接続にお金がかかる上、多くの情報は送れない。数年、時代が早かったのだろう、この子会社はソニーさんやセガさんにも出資を受けていたのに債務超過に陥っていた。ここを「なんとかしてこい」と任され、社長になったのが私。その後すぐ「やっぱり清算しろ」と言われ、それはひどい、あとで「板東があの会社をつぶした」などと言われたらさすがにたまらない、と幹部に再考を依頼すると、なんとか「半年以内に単月黒字にできたら会社は存続していい」と言われた。

そのあとは、もう必死。コンサルタントの方がよくやるように、即効性がある再建策は、売り上げを伸ばすことでなく、コストを削減することだった。この時、たまたまインターネットサービスプロバイダーが急激に伸びていたので、私はこれにすべてを賭けよう、と考えた。追い込まれているからなんでもした。雑誌も出していたが、すぐ廃刊。出資していた企業に当社の今後を説明しに行くと「ECの会社だからお金を出したのに、プロバイダーなら競合じゃないか」と怒られたが、会社をつぶすよりましだった。さらには、親会社(出資会社)の意向ばかりをうかがうタイプのメンバーにも理解を求めた。とんでもないハレーションが起き、まさに針のむしろの毎日だったが、覚悟を決めて切るものを全部切ったら、みるみるうちに成果が出て、ちょうど半年後、奇跡的に単月黒字を達成できた。

何が言いたいかというと、ギリギリまで追い込まれると、人間は覚醒する、ということ。

著名な遺伝子工学の先生がこんなことを書いていた。人間は何億年と遺伝子をつないできた。今生きている全員に、生き延びるための遺伝子は備わっている。ただし、その遺伝子は人生のどこかでONにならなければ働かない。ならばどんな時にONになるかと言えば、身に危険を感じた時だ、と——。

別所氏の話を聞くと、ハリウッドには、大きなチャンスを得る期待感と、それが一瞬で去って行く恐ろしさ、両方がある。それは「人間を覚醒させるシステム」と言っていい。「和」の社会の日本も、ビジネスシーンでは、こういった「才能を発掘するシステム」、裏腹の「すぐ崖から落ちるシステム」があっていいはず。ハリウッドが、さらにはシリコンバレーが面白いのは、世界中から技術や発想が集まる「器」であることで、さらには「大成功と失意」が身近にあることに違いない。

「商業と芸術の融合」は可能か？

板東　「ショートショート フィルムフェスティバル & アジア」を始められたのは、1999年でしたね。

別所　ハリウッドでは90年代から、よくショートフィルムの上映会が行われていて、97年に見に行ったのがきっかけでした。出会いって面白いもので、誘われた時は正直「プロは長編をつくるもの」という思い込みがありました。でも数本見るとすぐ「5分、10分の作品でもシネマチックな世界は成立するのか！」とわかったんです。

板東　普段やらないことをやったから出会えたわけですね。

別所　たとえばアメリカの大企業を描いた『カルチャー』という作品がありました。CEOは次々変わっていく。しかし、その会社には40年くらい勤めている女性がいて……。

板東　読めた！　その女性がいるから会社がまわっているんじゃないですか(笑)。

別所　ええ。たった10分程度なのに深みがあって面白いんです。ほかにも言い出したらキリがありません。やっと透明人間になれる薬をつくって「これで何でもできる！」と服を脱いで外に出た瞬間、車にはねられ死んだことすら気付かれなくなってしまう、とか……。

板東　しかも短編なのがいいですよね。当時、10分前後で映画を1本見たような気持ちになれるショートフィルムに大きな可能性を見出したのは、別所さんの先見の明ですよね。

別所　恐ろしいのは、1998年、ロバート・レッドフォードさんが開催している「サンダンス映画祭」というユタ州の映画祭に行くと、もうシリコンバレーのIT企業の意を受けた方が大勢来ていて、クリエーターに数千ドルのチェック(小切手)を切って「これで契約しましょう」とショートフィルムを買いまくっていたことです。最初は何が起きているのかわからず、あとで話を聞くと**「音声配信の次は、当然、動画配信の時代が来る。その実証実験をするためにショートフィルムを買っているんだ」**と言っていました。この速さ、すごくないですか？　これを見て僕も「はっ」と思ったんです。

板東さんが「動画配信の時代が来る」と思ったきっかけってあるんですか？

板東　僕のほうは、マイクロソフトの方と話している時に触発されました。「MSTVみたいな映像系を扱えるOSも開発してるんだ」と言われ、ずっと頭に残っていたんですね。

別所　やっぱり、**最先端にいる人と出会うと、未来が見えてくる**んですよね。

板東　ちょうど、別所さんが「ショートショートフィルムフェスティバル＆アジア」を始めた頃の話です。当時、ネットワークも、ナローバンドからブロードバンドになっていて、だんだん映像も扱える時代になっていました。私はいつも言っているんですが、**技術は必ず進化していく**んですね。そこで、2004年、2005年くらいから「ひかりTV」の前身に当たる映像系のサービスを立ち上げ、周囲に「そんなことがうまくいくわけがない」「やめておけ」と言われながら(笑)、一方で「やれ！　やれ！」と言ってくれる方の支援も受け、続けていきました。するとようやく2008年くらいから、光回線が一気に普及し始めて、映像配信サービスが普及し、拡大していくことになりました。

別所さんご本人が「映画祭を始めよう」と思ったきっかけはなんだったんですか？

別所　実はここにも、言葉がありました。日本がバブル景気で、日本企業がロックフェラー・センターを買ったりしていた頃、ハリウッドの方に言われたんです。**「日本人はランキングビジネスや、オークションビジネス、アーカイブビジネスっていうのは、下手くそだね」**と。当時はちんぷんかんぷんでしたが、映画祭を見た時に気付いたんですね。「あ、そういう意味か」と。

日本人はこだわりが強いけど、きっと**全部、自分が生み出そうとするんじゃ**

ダメなんです。人がつくったものにランクをつけ、それをアーカイブし、オークションで再評価して、価値をつくっていくことも大切なんです。本当に、聞いた当時は「何言ってんだろうなあ、この人たち」と思ったんですが、今になると、ビビッと来ますよね。そんな思いもあって、映画祭を見た時……集まった才能をランキングして、評価が高かった人にはもっとチャンスを与え、そうでなかった人にはなぜ評価されなかったか伝え、見る方には膨大な作品の中から〝これがいいですよ〟と教える仕組みなんだ、と直感できたんです。また、インターネットというプラットフォームがあれば、これらのショートフィルムを商材にビジネスができる時代が来る、と確信を持ちました。

ところが日本に戻ってきてこれが大きな可能性だと話しても、誰もわかってくれなかったんです。だったら「もう自分で始めてしまおう」と(笑)。

板東　こうして、商社マンを目指していた別所さんが、アメリカで俳優になり、ついに自分しかできないビジネスを立ち上げた、と。全部通して振り返ると、いろいろやっているようで一本の筋が通っていますね。希有な経歴をお持ちの理由がわかりました。**夢がいろいろあると、それを結び付けたところに、自分独特の何かができるわけ**ですね。

別所　ここから、1999年に映画祭を立ち上げ、盛り上げていくことに奔走しました。実を言うと「ショートショート フィルムフェスティバル ＆ アジア」は、アジアで最大級、アメリカアカデミー賞公認国際短編映画祭になっていて、グランプリを獲得するとアメリカアカデミー協会へ推薦されます。また映画祭設立当初から、ジョージ・ルーカスさんにも応援していただいてるんですよ。

板東　何かつながりがあったんですか？

別所　いえ(笑)、南カリフォルニア大学に彼の学生時代の作品を収録しているフィルムライブラリーがあって、見た時「日本でも流したい！」と司書のような立場の女性に相談したんです。すると「じゃあ、ルーカスフィルムに連絡しなさい」と言われたんですよ。もらったアドレスにメールを送ると、先方の広報から返信があり、内容を詳しく伝えると今度はルーカスさんからメールが来ました。

板東　へえ！　試してみるってすばらしい！

別所　そんな流れで、「ショートショート フィルムフェスティバル & アジア」の初回、ジョージ・ルーカスが学生時代に制作した作品など6作品を上映させていただいたんですよ。ちょうど『スター・ウォーズ　エピソード 1／ファントム・メナス』の公開の年で、プロモーションのために来日していたので実際にお会いすることもできました。

板東　いま、ショートフィルムはどんなビジネスになっていますか？

別所　映画祭応募作品だけでなく、世界中からクオリティーが高いショートフィルムが集まってきます。この配信権を獲得して、dTV、キュレーションマガジンの「antenna＊」、さらには航空機内のエンターテインメント等、さまざまな企業に提供しています。もちろん御社にも(笑)。

あとはショートフィルムの制作です。「ショートショート フィルムフェスティバル & アジア」には、のべ5万人を超える応募監督がいらっしゃいます。企業からご依頼があると、コンサルティングし、いざ制作、という場面が来たらこの方たちに制作を依頼できます。しかも制作者の数が桁違いに多いので、企業のイメージ通りの作品がつくれるんです。

なかでもいま**「ブランデッドショート」の市場が拡大**しています。企業、自治体から「数分のブランデッドムービーをつくりたい」とご依頼をいただくことが多いんです。こういう、**時間をかけて成立したニーズは一時的な流行でなく、長期的に継続**しますね。ブランデッドムービーの歴史は長く、2001年にBMWさんがガイ・リッチーさんなど有名監督を起用して「BMW Films」を制作しています。日本でも、日産自動車さんが2003年に青山真治監督を起用して「Web CINEMA"TRUNK"」を制作しました。その後、15秒、30秒のテレビCMでは伝わらないメッセージを伝えるため「続きはWEBで」と活用された時代もありました。しかもスマートフォンが普及すると、パッと見て、気に入ったものは友達にシェアして、という行動習慣が生まれ、我々も映画祭にブランデッドショート部門を立ち上げています。

板東　立ち上げてみて、新たに見えてきたことはありますか?

別所　芸術と商業主義は共存するのか?と議論になったこともありますが、非常にうまく共存していますね。歴史的に見ても相性はいいんです。クラシック音楽だって「ビジネスにしよう」と考えたパトロンが、当時最新の楽器を演奏者や作曲家に買い与え、発展していきました。映画も同じで、ビジネスとして利用する方たちがいたからこそ、性能が高いフィルムやレンズ、大がかりな撮影装置など、高額な機材が普及したんです。1947年にアメリカで公開された『三十四丁目の奇蹟』というクリスマス映画の定番作品があります。これ、舞台はメイシーズという百貨店で、ブランデッドムービーの先駆けでもあるんです。**芸術とビジネスは決して相反する要素でなく、車の両輪のようなもの**だと思います。

板東　別所さん、博学だから同じビジョンを描いても説得力が違うんでしょうね。

奇想天外の時代＝アイデアの時代が来ている

板東　では最後にうかがいたいんですが、今後、日本の映像業界はこう伸びていく、といったビジョンはお持ちですか？　とくにショートフィルムに関して。

別所　作品数が増えていくとランキングが必要になります。見る側は、何がお勧めか知りたいですよね。これは私が映画祭を始めた目的のひとつでもあります。次は「アーカイブ」です。「このショートフィルムは何年に誰が制作し、誰が出演していて、こんなテーマで」とアーカイブできていれば、視聴者側は次々と様々な作品を楽しむことができます。我々は「ビンテージショート」と名付けているのですが——例えばエジソンがつくったショートフィルムのような歴史的な作品を見てみたくありませんか？　こういったシステムが整えば、オークションビジネスも活発になるはずです。そして、日本にはまだ、ランキングやアーカイブこそが大きなビジネスになる、という思考が根付いていません。

板東　とすると、これはチャンスですね。

別所　あとはフィードバックの方法です。アメリカは、ここも進んでいるんですよ。あの国にはいろんな背景の人がいるから「世界中で受け入れられるエンターテインメントは何か」と科学的に分析しているんです。**クリエイティブが感性だけでなく、徹底的なデータ主義**なんです。僕が出演した映画もそうでしたが、何度も、脚本の改訂版が出るんですよ。最初の台本ができあがると、10人くらいの人が手を加え、それをモニタリングして、なかなからいいと思われるものがプロデューサーによってチョイスされます。この過程に「スクリプトドクター」がいて、台本を全部チェックするんです。

板東　クリエイティブの科学、といったものがあるんですね。

別所　将来的にはテレビについているカメラで、「泣いた」「笑った」といった視聴者のリアクションを分析し、感情指数のようなものをつくって制作側にフィードバックする、といった手法もアリかもしれません。作品のクオリティーが上がっていくと思います。

板東　（ABEJAの岡田さんも同じことおっしゃってたなぁ）

別所　こんな流れができれば、海外のつくり手が「何かやりたい」と考えた時「とりあえず日本に行ってみよう」となるはずです。**ビジネスは、やっぱり人が集まってこそ。**世界中から人が集まってきて、熱量が高まれば、ショートフィルムの提供、制作のほかにも様々なチャレンジができるでしょう。

板東　（これは後に登場していただくC Channelの森川さんが同じことをおっしゃってました。やっぱりスゴイ人は同じことを考えるんですね……）

最後の最後にひとつだけ。別所さんの「次の時代をつかむ秘訣」をぜひ教わりたいんですが。

別所　俳優としても同じですが……想像力、イマジネーション力ですね。

板東　というと？

別所　こんなことができる、あんなことも、と常に考え、イマジネーションをふくらませるんです。クリエイターなら、4K、8K、ドローンなどを見て「このテクノロジーを使ったらこんな映像が撮れる！」と考えるじゃないですか。事業をつくる人間も同様です。私、よく言うんですよ。**「もう起承転結の時代じゃない、奇想天外の時代だ」**と。想像できる範囲内で優れたものをつくるのでなく、誰も想像しなかったものをつくるべき時代なんです。たとえば私は今、世界中のショートフィルムが日本に集まってきて、ネットで手軽に見ることができ、アーカイブされた作品は有料で見られるシステムがあっていい、と思い描いています。そして「映像考古学」のような学問を立ち上げたいんですね。20世紀以来生まれた映像が、今と何が違うか分析し、その時代を捉える学問です。そして、これがあったら映像作品のクオリティーはもっと高くなるのでは……なんて考えています。

――いつか必要ですよね？

電子書籍の枠組みをつくった、
元「門外漢」にして
事業をデザインしていく天才児

藤田恭嗣

株式会社メディアドゥホールディングス
代表取締役　社長執行役員CEO

×

板東浩二

Yasushi Fujita

1973年、徳島県生まれ。1994年に起業し、大学卒業と共に法人設立。電子書籍等、デジタルコンテンツを配信するプラットフォームソリューションを提供。2013年に東証マザーズへ上場し、2016年には東証1部上場。

電子書籍の枠組みはいかに成立したか

新たなプレーヤーは、業界の激変期に生まれることが多い。

今回、お話をうかがった相手は、メディアドゥホールディングス(東証1部上場・東京都千代田区)の藤田恭嗣社長。LINEなどが電子書店を立ち上げる際には、消費者が手軽に購入でき、売れたら出版社に印税を支払うデータベースや、ユーザーが書籍を読むためのビューアーアプリが必要だ。さらには様々な出版社と契約を結び、コンテンツの配信許諾をもらう必要もある。メディアドゥはこれをセットで提供し、業績を一気に伸ばした企業で、藤田氏はその創業社長だ。

「書籍は電子化していく」という予想は、Windows95の時代からあった。もちろん紙の本にもファンはついているが、電子書籍にも「検索できる」「オンラインストアで即時購入可能」といった利点があり、こちらを選択するユーザーも増えるはずだったからだ。

しかし、現在の姿がすぐ構築できたわけではなく、黎明期に当たる時代が長かった。この時期は、自社の書籍だけしか販売できないシステムや、購入したらPDFで配布するシステムなどが存在し、出版業界は新たな販路の形を模索していたと言っていい。

ここで登場したのがメディアドゥだった。

同社は「流通カロリーの低減」を旗印に掲げた。LINEなど顧客との接点を持つ企業は、堅牢なストアシステムを自社で築く必要がなく、また、出版社を一社一社まわって許諾を得るような作業はしなくてすむ。これによってメディアドゥは電子書籍の流通に欠かせない企業となり、東証1部に上場。同社の登場により様々なネットインフラ企業がマンガや書籍アプリを世に出し、電子書籍の業界は勢いよく成長し始めた。販売数が伸びれば、メディアドゥも伸びていく。同社は既に「書籍の流通インフラ」といった立ち位置を得ているのだ。

この仕組み、業界のスタンダードが、IT企業や出版社の大資本でなく、元は携帯電話販売代理店を営んでいた藤田氏によってつくられたことが、筆者には興味深くてならない。彼はいかにして、この未来を予想したのか。いや、そもそも出版業界にとっては門外漢だった彼が、なぜ、この業界に参入しようと考えたのか――。

話を聞くと、彼が「常にアツい場所にいる」人間だったから、という事実が見えてきた。

つぶれる会社は最初の事業にこだわる

板東　藤田さんは学生時代、携帯電話の販売代理店を起業されたんですよね？　きっかけは何だったんですか？

藤田　さかのぼれば、徳島県にある人口1200人くらいの村の出身だったからかもしれません(笑)。

板東　というと？

藤田　村を出て阿南市（徳島県）の高校に進学した時は、カラオケ屋さんを見て「都会はすごい！」なんて思っていたんです。その後、名古屋の大学に進学した時に自分と都会で生まれ育った人の差が明確に見えてきました。「都会がすごいのは人が多いからだ。なかでも、すごい人はみんなコミュニケーションが上手で、ワーッと人を組織化しちゃう」と感じたんですね。

そこで、イベントサークルに入って手伝いから始めたんです。2年目には、私も1000人を超える規模のイベントを企画できるようになりました。

板東　不利な状況にある人は、たまに、有利な状況にある人より勢いよく何かを成し遂げますよね。1000人って、もうすぐ村の人口に肩を並べるほどの人数じゃないですか（笑）。

藤田　そんななか、イベントの協賛金を集める係になったことが起業に結び付いたんです。当時、90年代後半だったので「携帯電話は普及するよな」と販売店を運営する企業に行くと「携帯電話を販売してみない？」と声をかけられたんですよ。そして、人脈を使って携帯電話の代理店になってくれる人物を開拓していくと、時代もあってよく売れたんですね。

板東　留学するつもりだった、と聞いたことがあるんですが？

藤田　ええ、最初の目標は2年分の留学費用の800万円を貯めることでした。ところがここだけの話、大学在学時、タンスに現金が4000万円ほど貯まったんです。そんな経緯もあって事業が面白くなってきて、結局、留学も就職もせず、卒業した直後の4月1日に会社を立ち上げたんですね。

学生時代は元手・資金がないので、人脈を活かして販売・集客するなど、できることは限られます。今思えば、スタートとしてはいい選択だったかもしれません。

板東　**優れた起業家は100人中100人、伸びる市場を見極めてビジネスを始める**ものだと思います。学生のうちから「90年代後半は携帯電話のビジネスが伸びる」と意識され、資金がなくてもできるビジネスを開始された、という**最初の選択の的確さがそもそもすごい。**

藤田　すべて戦略的に考えたわけではないのですが、結果的にそうなってますね(笑)。ただし数年経つと「このビジネス、長くは持たないなぁ……」という感覚が芽生えてきたんです。

板東　どういう感覚ですか？

藤田　大学卒業後、マンパワーと人脈で売っていくのでなく、店舗を出して販売するスタイルに切り替えました。そして2000年前後には、フランチャイズも合わせ30店舗まで拡大したんです。しかしこの頃、大手の商社や通信会社が続々「これはビジネスになる」と参入し始めました。僕には、これに太刀打ちできるロジックが見つからなかったんです。例えば僕らは100万円かけてやっと100人のスタッフを集めたのに、大手さんは同じ額で200人集める、といったことが頻繁に起きるようになったんです。しかも、採用してもすぐ辞めちゃう。やはり「どうせなら大手のほうがいい」と考える人が多かったんです。これは、マネジメントの疲弊に直結します。

ようするに、大手の名前には勝てないビジネスモデルだったんですね。

板東　その後、どうされたんですか？

藤田　利益が出ているうちに大手さんの一社に事業を売却しました。

板東　私もそうしたかもしれません。ジリ貧になる分野からは、利益が出ているうちに撤退すべきですよね。そして**経営資源を、自社の優位性が活かせて、今後伸びていく市場に集中する、それが経営者の役割のなかで、最も大きなもの**かもしれませんね。

藤田　板東さんもそうお感じになりますか？

板東　ええ。元々、ぷららは２０００年前後にインターネットサービスプロバイダーとして成長し始めたんですね。でも、当時からプロバイダーサービスが行き渡れば頭打ちになることはわかっていたので、２００４年、勢いがあるうちに「ひかりＴＶ」の前身となる動画配信事業を始めています。

　それより、藤田さんに聞きたいんですが……どんなタイミングが来たら「この事業はここまでだ」と考えればいいんでしょう？

藤田　私の場合、**「このまま伸びていけば自社がトップシェアを持てる」というロジックを持てなくなったら、その事業はあきらめますね。**逆に、**小さな市場でもトップシェアを獲得できるなら続けてもいい**と思っています。その**市場をデザイン**できますからね。

19世紀のアメリカには「鉄道王」たちがいた。だが技術革新により自動車が誕生すると、フォード・モーターの創設者、ヘンリー・フォードはいち早く「将来は自動車がスタンダードになる」と量産化を開始。フォードは鉄道王たちの事業が縮小していくのを尻目に、彼らを超える「自動車王」になった。ではなぜ、鉄道王たちはモータリゼーションの流れに乗り遅れたのか？　理由は簡単で、外部環境の変化に対する準備ができていなかったのだ。そもそも自社の事業を「鉄道」に限らず「快適なトランスポーテーションの実現」と位置付けていれば、フォードに投資する機会もあったはずだ。利益が出る事業は時代によってめまぐるしく変わっていく。

業績を伸ばすのは「インフラ企業」だ

板東　コンテンツ事業はどんなきっかけで始められたんですか？

藤田　1999年の「i-mode」登場です。当時の僕は「インターネットって何ですか？」みたいな状態だったんですが（苦笑）、「i-mode」を体験すると「そうか、今後は携帯電話で通話だけじゃなくコンテンツも楽しめるようになるのか」とわかってきました。当時「次の事業はなんだ？」ということは毎日考えていたので、携帯電話の販売に加えホームページの作成代行のようなものも始めつつ、さらに別のビジネスの可能性を探っていきました。

そんななかで立ち上げたのが「パケ割」というサービスでした。当時はまだパケット通信料が高額で、ニュースを読むと1ページ当たり10円くらいかかっていたんです。ニュースで「中学生に月額何万円の携帯利用料が請求された」なんて話題になっていましたよね。

板東　覚えてます。社会問題にもなりましたよね。

藤田　これを受けて、データを圧縮してコンテンツを読んでもらう企画を発案したんです。でもこの事業は、システムコストが高額だったため赤字で、すぐ撤退しました（笑）。しかし、1か月間に約60万人からのユニークアクセスがあって「モバイルには可能性がある」とわかったことが大きかったんです。「モバイルでインターネットに接続する」生活習慣は、今後、間違いなく一般化する、と。

板東 **お金を出して失敗を買っている**わけですね。

藤田 本当にそうです。実際、この失敗が、2004年に音楽配信の「着うた」事業を始めるきっかけになっています。携帯電話利用者の着信音をダウンロードした「着うた」に変更できるサービスが、これから来る、と踏んだんですね。

板東 でも、著作権を持っている側と交渉するのは大変じゃありませんでしたか？

藤田 あ、板東さんもそんなご経験があるんですか？

板東 「ひかりTV」をスタートさせた当初は、ハリウッドなどの企業から代理店を通してコンテンツを集め、映画やドラマを配信していたんです。でも、コストが高かったんですよ。そこで、直接、交渉することにしたんです。

当時は枠組みができていなかったから大変でした。サービス約款をつくったら、なかに「放送」という言葉があって、日本のサービスプロバイダーからは突っ込まれたりしました。我々は光回線を通してコンテンツを配信することにしていましたが「これは〝放送〟と言えるのか」とおっしゃるんです。ハリウッドのコンテンツを入手しようとアメリカに問い合わせたら「日本の企業はよくわからないから」と門前払いされそうになって「ちょっと待ってください。話だけでも」と泣き落とししたり……（苦笑）。

藤田　アメリカも「新参者」には冷たいんでしょうかね。

板東　ガードも堅かったですね。ハリウッドと契約した時は、外国人の担当者が当社に来て、コンテンツのマスターファイル、サーバー等の管理体制を細かくチェックされました。印象的だったのは、担当者に「キミの年収は？」と聞いていたことです。安いとコンテンツを流出させる可能性がある、と考えたんでしょう。ただ、信頼関係ができると「このコンテンツを配信してみませんか？」と先方からオファーをいただけるようになりましたが……。

まあうちの話はともかく（笑）、藤田さんはどうやって壁を乗り越えたんですか？

藤田　私は逆に、顧客を集めることから始めました。何社かコンテンツをお持ちの企業と契約させていただいた上で集客に力を入れたんです。当時は「i-mode」ポータルに「こういうサービスがありますよ」と掲載されればお客さんが集まる時代だったので、わざわざ広告を打つ企業はほとんどなかったんです。でも、当社はここに勝機があると考えて、当時のガラケーの小さな画面にモバイル広告を出し、お客さんを集め、その上でコンテンツホルダーさんに「これだけ会員がいますよ」と交渉を始めました。

板東　**新規サービス立ち上げの時は、どんな市場にもいるアーリーアダプターを探すことが重要**なんですね。これは新規性が高いビジネス、新商品、すべて同じかもしれません。そして、成功例が生まれれば、ほかの方たちもついてきてくれる、という……。

藤田　同時に、誰も持っていない利点を提供できたのも大きかったですね。優秀なＣＴＯ（最高技術責任者）が強靱なシステムをつくってくれ、これがコンテンツホルダーさんに認めていただけたんです。話に乗りやすかったんだと思います。**インフラがあって、人も集まっていて、権利の許諾を与えればビジネスになる、という状況をつくった**から、私たちに参入の機会をいただけたんです。

話を単純化すれば、ITビジネスは、顧客とプラットフォームがあれば成立するのだろう。現在、出版社や新聞社のニュース配信も同じ状況にある。もちろんそれぞれが自社サイトでも配信しているが、ヤフーやグノシーやスマートニュースなど、IT企業がアプリをつくり、コンテンツを拡散し、利益を出版社や新聞社と分け合っている。ネットオークションやSNSも同じ。プラットフォームと顧客があれば事業はブレイクする。藤田氏の成功は、いち早くその両方を揃えたことによってもたらされた。

参入障壁が高いほど、将来、高いシェアを獲得できる

板東　その後、電子書籍の事業に進んでいったのは?

藤田　携帯電話の事業と同じで、「着うた」をやっていた時も「何年後までこれを続けられるのか」と考えていたんです。**事業を継続するなら、シェアの10％は取らなければ大企業に勝てません。**でも、音楽配信の業界でシェア10％以上を取れるロジックが見つからなかった。**トップに立てるイメージ、ロジックが見つからなければ、時間を費やさず新たな事業に行かなければ**いけません。

そこで、様々な事業を始めました。利益はほぼ全部、投資に回して、有望な事業、そうでない事業のスクリーニングをしていったんです。すると、自分たちでできそうで、かつ、やる意味があるビジネスが見つかりました。これが電子書籍事業だったんです。

板東　ちょっと思ったんですが……携帯電話販売店も、着うたの事業も、それにこだわっていたら上場は難しかったんじゃないですか？

藤田　会社がなくなっていたかもしれません(笑)。

板東　藤田さんはやっぱり**「事業は変化のなかにある」**とお考えなんでしょうか？

藤田　私は**「今まさに絶好調！」という時期が恐ろしい**んです。たいていの企業は、ここで安心してしまって衰退期を迎えます。

板東　人生も同じかもしれません。

藤田　とくにＩＴの世界、メディアの世界は移り変わりが早いと思います。消費者の行動も「i-mode」やスマートフォンの普及といった外部要因でがらっと変わりますし、「次に何を始めればいいのか」はそんな変化を受け、実際にやってみないとわかりません。私は**「自分が動いて、失敗してみなければわからない」**と思っています。だから、大変です(笑)。

板東さんも同じだったのでは？

板東　それはもう、新規事業の失敗の連続でした(笑)。

藤田　私もです。だから、業績が好調のうちに、新規事業の芽をつくろうと必死でした。なかでも電子書籍の事業を選んだのは「著作物の流通エンジンをつくる」部分が「着うた」とほぼ同じだったからです。堅牢なストアシステムをつくって、様々な作品がどれだけ利用されたか各社に毎月レポートを出し、利益を還元させていただく部分には、実績がありました。

これに加え、**参入障壁が高いのがいい、**と思いました。**参入障壁が高いほど、将来、大きなシェアを獲得できるロジックが成り立ちやすい**んです。出版社さんは、作家さんから預かった大切なコンテンツを実績がない企業に預けにくい。また、当時は書籍を電子書籍にするためのコストも高かったんです。音楽はCDからリッピングすればいいので1曲当たり数百円で電子化できます。しかし電子書籍は当時、マンガなら1コマ1コマ、携帯電話の小さな画面で読んでいくしかなかったので、マンガを分割していく必要があったんです。1冊を電子化するコストは約20万円、毎月100冊ずつ電子化していくなら月々2000万円かかるって、高額な投資ですよね。ならば、このコストを引き下げる技術を当社がつくれば大きなシェアを獲得できます。

さらに大きかったのは、当社にビジョンがあったことです。音楽配信の経験があったから「将来、電子書籍の流通はこんな仕組みになる」とお話ができました。メディアドゥが電子書店を開設したい企業に、ストアシステム、ビューアー、コンテンツをセットで提供し、コンテンツが売れたら、出版社さんに利益を還元させていただきます。

当社がこれを開発することにより、**必要な「流通カロリー」は一気に下がる**んです。

板東　流通カロリー。面白い言葉ですね！

藤田　当時は電子書籍の販売を開始した企業がそれぞれシステムを開発し、独自のシステムで運営していました。しかしこれは、言うまでもなく無駄が多いんです。仮に、どこで電子書籍を買うかによって消費者が受けるサービスが異なるなら、それぞれが別のシステムをつくる意味があります。でも実際はどの企業の電子書籍で読んでも、マンガ「ワンピース」は「ワンピース」です(笑)。ならば電子書籍に進出したい企業は、システムを自社で構築するのでなく、どこかに任せたほうがラクになるはずなんです。

するとﾞ、関係する企業みんなが「WIN」になる道が見えてきます。実を言うと当社のシステムを利用して電子書店を開設した企業のなかには、10名以下のスタッフで100億円程度の売り上げをつくったところがあります。その企業のサービスは非常に多くの顧客が利用しているため、お客様との接点が多く、よく売れるんです。

板東　上場企業1社分くらいの売り上げを10人以下で、とはすごいですね。しかし、これを実現するのは簡単ではなさそうですが？

藤田　とにかくスピード勝負でした。出版社さんと、電子書店を開業しようと思っている企業、両方の担当者さんを細かくフォローしながら参加企業を増やしていくのです。電子書店側にはシステムの優位性を訴えて契約数を増やします。出版社さんに対しては「ここところが電子書店を始めますよ。ここも始めますよ」と情報を入れ「なら権利を許諾しよう」とおっしゃっていただくのです。

板東　鶏が先か、卵が先か、なんて話がありますが、藤田さんはその両方を一気呵成でつくったんですね。

藤田　実は、参入後の1年間で約30の電子書店をオープンさせています。さすがにこの時は、過労で倒れて救急車で運ばれましたね。

板東　事業がインフレーションを起こす瞬間ですね。私は**何にでも「序・破・急」**

があると思っています。この場合、藤田さんが将来性に気付いたあたりが「序」、そして、鶏と卵の両方を生み出していく瞬間が「破」。ここは川の堰を切ったように一気に伸びていくから、スピード勝負なんですよね。そして、これがうまくいくと顧客のほぼ全員がその存在を知ってシェアを伸ばしていく「急」の段階が訪れる……。

藤田　おっしゃる通りです。そして「急」に至る転機もはっきり覚えています。電子書籍事業への参入が2006年で、必死でクライアントストアを立ち上げたのが2007年、これに一段落がつくと、電子書店を運営する企業の側から「どうしてもマンガを出している大手さんの作品がほしい」という要望が相次ぎました。そして2008年に大手の一角と契約でき、一気にシェアが伸ばせたんですね。

板東　小学館、講談社、集英社さんあたりでしょうか？

藤田　ええ。何度提案してもダメだったんですが、大手の一社が自社で電子書籍事業を始めることになり、システムをどこがつくるか、コンペを開催したんです。当社も参加し、ストアシステムの堅牢性が評価され、この部分でお付き合いいただくことになりました。

こうなると「せっかくの作品を我々にも流通させてください」と言えますよね。すると、この出版社さんと契約できただけでなく、別の大手さんもご紹介いただけ、一気にコンテンツが充実したんです。

次に大きかったのが、LINEさんとのお付き合いでした。2013年に、まったく別のご提案でうかがうと「電子書店の出店を考えている」という話があり「ちょうどコンペが数日後にある」とおっしゃるんです。当社はまだ上場前だったので、ご担当の方は当社をご存じなかったんですね。そこで「私たちもコンペのテーブルに載せてください」とお願いし、提案をお持ちしたところ、その数日後には当社で決まった、という急展開がありました。

板東　何が評価されたんですか?

藤田　コンペティターは印刷業界の企業で、LINEさんからは「メディアドゥさんはシステムを自社開発してるよね」と評価されました。これは確かにそうで、自社開発しているからこそ対応が早く、アレンジもできるわけです。あとは一度もシステムが止まっていなかったことも評価されたと思います。

LINEさんの集客力はすごかったですよ。発表されている情報ですが、現在は月商10億円を超えています。販促イベントを行うと瞬間風速がすごく、イベントを一度も止めることなく続けていらっしゃいます。その結果もあって、たった3〜4年でここまで来てしまった、という……。

ネット業界では是が非でも「圧倒的1位」になるべき

板東　さかのぼれば、学生の頃に磨いたコミュニケーション力が活きた結果とも言えそうですね。

藤田　たしかに、新参者だけにコミュニケーションは難しい面がありましたね。「流通カロリーを減らすことで、出版業界に貢献する」というポリシーを掲げ、出版業界の一員として様々なことを教えていただく、という立ち位置でお話ししましたね。

板東　さすがです。

藤田　逆に私が書籍の話をしたら、出版業界の方から「おまえ誰にものを言ってるんだ」と言われてしまいます（笑）。だから私は、テクノロジーの話と、今後、電子書籍はこうなっていく。ちなみに音楽では……といったお話をさせていただきました。

板東　しかも御社は、出版社さんが資金を出し合って創業した出版デジタル機構さんを買収されていますね。業界2位の企業が1位を買収するというのは、なかなかないことだったんじゃないですか？

藤田　電子書籍業界の規模が約2000億円で、当社はそのうちの約250億円強を流通していました。だいたい13％強が当社のシェアで業界では第2位でした。しかし、これでは次のビジョンは描けません。しかも――釈迦に説法かもしれませんが、**インターネットビジネスは、1位のプレーヤーが加速度的に強くなっていく**んです。ですので、従来は2番手だった当社が1位になるために、業界1位であった出版デジタル機構さんを買収することを検討しました。

板東　Amazonさんでもどこでも、店舗がネット上だから遠い近いがない。だから知名度が高い企業が一気に伸びるんですよね。

藤田　アメリカではAmazonさんが電子書籍のマーケットの80％を持っていて、イギリスにいたっては98％を超えています。インターネットビジネスでは、圧倒的にならなければ未来が描けず、ビジネスをデザインすることもできません。

そんななか、たまたま、出版デジタル機構の株を持つ産業革新機構さんが、株のイグジットを考えているのではないかという噂を耳にしたんです。

板東　どうアプローチしたんですか？　企業買収って、両社の利害関係とか、難しい話もさることながら、最終的には信頼関係や人間関係ですよね？

藤田　私は「出版業界の皆さんが困ってることはなんですか？」とうかがってまわることから始めました。すると、やはりＩＴ・テクノロジーの部分で困っておいでだったんです。日本の人口は少なくなっていくから、コンテンツを世界に出していくべきです。するとＡＩ翻訳やＡＩでの要約もやっていかなければいけない。そして出版業界としては、これらができる企業を出版業界のなかから出したい、というお考えだったんですね。

買収後、忘れられないことがあります。出版業界の方に「ようやく出版業界の中からテクノロジーの企業が生まれた」とおっしゃっていただけたんです。これには感動しましたね。

板東　まさに三つ子の魂百まで、徳島と名古屋で得た人脈づくりの才能が活きた、というわけですね。

流通カロリーの低下が、新たな才能を発掘する

板東　最後に、今後のビジョンをお教えください。

藤田　一言で表すなら**「中央装置をつくりたい」**と思っています。世界中の方が「中央装置」にアクセスすれば、日本のコンテンツが英語、フランス語、中国語など様々な言語体系で整理されていて、現地の通貨で買える――そんな仕組みです。もちろん、英語圏のコンテンツも日本語で整理されていて、収益はきっちり出版社、作家さんに還元させていただく、そんな国境を越えた装置をつくりたいですね。

板東　藤田さんの構想は**「今後10年、20年後にはそうなっているだろうなぁ」ということが多い**ですよね。**世界はこうなる、と説得力があるプレゼンテーションができるから周囲の支援も得やすい**のだと思います。

藤田　先に少しお話ししましたが、**自分がやって、失敗して、痛い目にも遭っているから、明確なビジョンが描ける**んだと思います。

「中央装置」もロジックがあります。高いシェアを取るなら、翻訳、要約のレベルが圧倒的に高くなければいけません。また、英語や日本語や中国語だけでなく、使っている人が少ない言語でも自動翻訳を進めていく必要があります。こちらは「少々、翻訳のレベルが低くても、ないよりはマシ」という形で受け入れていってもらうことになるでしょう。

板東　才能の発掘なんてお考えですか？

藤田　**流通カロリーを引き下げることが、イコール才能の発掘につながります。**出版社は利益が出せなければ書籍は出せません。そんななか、低コストで流通させられれば、いままで編集者が「売れるかな？」と二の足を踏んでいた書籍も「このコストなら出してみよう」となって、才能を発掘しやすくなると思うんですね。

板東 **YouTuberが出てくる仕組みと同じ**ですね。ネットによってもたらされた大きなトレンドのひとつに**「今後は個人の力が大きくなる」**というものがあります。**映像でも文字でも、いろんな個人が、いろんなやり方で創造性を発揮できる社会が来るはず**なんです。それは「製作コスト、流通コストの削減」によってもたらされるわけですね。

では最後に個人的な質問もさせてください。もし今、すべてを任せられる部下がいて、仕事をやめるとなったら何を始められますか？　藤田さんは、地元にキャンプ場をつくったり「マンガ図書館」の構想をお持ちだったり、と聞いているのですが。

藤田 まさにそれですね。よく「自分にできること、できないこと」を見極めろ、と言われますが、私はさらに「自分にしかできないこと」が大切だと思っています。それはきっと誰もが持っていて、私の場合はやっぱり私の故郷創生ですね。2013年から故郷に工場をつくって柚子加工をしていますが、これからは地元の方たちと一緒にキャンプ場やマンガ図書館をつくったりするつもりです。

逆に私、電子書籍の事業って、実は「もう自分じゃなくてもできるところまで来たのかな?」なんて思ったりもしているんです。だから、いつか私の存在が重しになって、若い人に「藤田さんがいるから新たな事業ができない」と言われる時が来たら、「自分にしかできないこと」に残りの人生を捧げたいな、と……。

私が藤田氏によって教わったことはいくつもあるが、その最たるものは「失敗を事業計画に内包している」ことだ。彼は新規事業を開始するに当たり、多くの資金を投じて、あえて「時間とお金を投資して失敗を買った」。どんな事業にも、時流に乗って絶好調となる時期はある。だが、本当はその時期が怖いのだ。社員は慢心し、問題意識が薄れ、それでもお金は入ってくる。考えてみれば、こんなに恐ろしいことはない。

これは、生き方にも直結しているはずだ。パナソニックの創業者・松下幸之助氏は、こんな言葉を遺している。

「謙虚さを失った確信は、これはもう確信とはいえず、慢心になってしまいます」

失敗は優しそうな顔でやってくる。「このままでいい」という甘い確信が、事業の衰退を招くのだ。一方、成功は決して優しそうな表情ではやってこない。それは失敗の連続によってもたらされるのだ。

ネット時代の覇者はこうして決まる——
IoT、ブロードバンドの
進化から見える「勝ちの法則」

藤原 洋

株式会社インターネット総合研究所
代表取締役所長
株式会社ブロードバンドタワー
代表取締役会長兼社長CEO

×

板東浩二

Hiroshi Fujiwara

1954年、福岡県生まれ。京都大学理学部を卒業、東京大学工学博士。1977年に日本アイ・ビー・エムに入社。その後、日立エンジニアリング（現・日立産業制御ソリューションズ）、アスキー等を経て、1996年にインターネット総合研究所（IRI）を、2000年にブロードバンドタワーを設立。著書は『ネットワークの覇者』（日刊工業新聞社）、『科学技術と企業家の精神』（岩波書店）、『第4の産業革命』（朝日新聞出版）、『日本はなぜ負けるのか』（インプレス）など多数。

第4次産業革命、勝利の方程式

電子機器の市場では、たびたび激烈な「規格争い」が勃発してきた。古くはビデオの「VHS」と「ベータ」、新しくは「DVD-RW」と「DVD-RAM」がこれに当たる。自社の規格がスタンダードになれば市場の主導権を握れるが、他社にスタンダードを握られたら研究、開発投資が無駄になり、下手をすれば競合にライセンス料を支払うことになる。

当然、インターネット、通信の世界でも同様だ。動画のデータを送信時にどう圧縮し、受け取った時にどう解凍するか、等々、ユーザーにとっては「スタンダード」が決まっていたほうが便利だ。しかし現実には、別の企業から後発の技術が生まれ、現在のスタンダードとの間に互換性がない……といったことが起こって激しい競争が生まれる。ソフトウェアをつくっている企業も、どの規格が主導権を握るか状況判断を迫られる場合が多い。

そして、時にこれらの規格を創造し、時に「これがスタンダードになる」とピタリ当て続けてきた人物がいる。「イーサネット」「MPEG」「デジタルハイビジョン」など、現在よく聞く規格は、彼の手によって普及したと言っても過言ではない。その人物こそが、インターネット総合研究所の代表取締役、さらにはブロードバンドタワーCEOも兼務する藤原洋氏だ。彼に、その来歴から数年後に何が起こるかまで、様々、たずねてきた。

最先端の技術の「その先」を読んだ人間が次世代のスタンダードをつくる

板東　藤原さん、最初は科学者になりたかったんですよね?

藤原　宇宙に興味があって、大学時代、「宇宙物理学」を専攻したんです。すると当時、天体観測で得たデータをコンピューター処理して新たな発見をしよう、という動きがあって、次第にコンピューターを使うほうが面白くなってしまったんです(笑)。

板東　最初に入社されたのは日本IBMでしたね。

藤原　ええ。でも3か月で辞めちゃったんです。

板東　そうそう、なぜですか？

藤原　当時は「アメリカで決まったことを実行する」仕事が多かったんですね。一方で私は、**何かこう——興奮するものを求めていたんです**。今でも**給与などの条件で自分の道を決めないほうがいい**、と思ってます（笑）。そして半年ほどフラフラしたあと、大学の先生の紹介を受けて、日立エンジニアリングという日立製作所の子会社に入社したんですね。

板東　そこでは、どんな仕事を？

藤原　工場の機械等を制御する「制御用コンピューター」や、これらをつなぐローカルエリアネットワーク（以下「LAN」）の開発に携わりました。

ＬＡＮは文字通り、目の前のコンピューターを近くの別のコンピューターにつないで情報をやりとりする仕組みです。そして、これがインターネットの基盤にもなります。簡単に言うと、ＬＡＮ同士がつながってインターネットになるんです。ようするに、ＬＡＮは現在のコンピューターネットワークの原型でした。

ところが当時、ＬＡＮでどうデータを転送するか、その方式が規格化されてなかったんです。日立グループはＩＢＭの「トークンリング」というデータ転送方式を使おうとしていて、一方私は、現在一般的に使われている「イーサネット」が普及すると考えていました。トークンリングは信頼性が高いのですが、イーサネットは情報転送処理がシンプルな作業の繰り返しで、安価だったんです。そこで上司に頼んで、こっそりイーサネットでＬＡＮの開発を進めたんですね。

板東　将来、世界的に普及していくことを見越して、安価で、誰でも使いやすいシンプルな技術が勝つ、と読まれたんですか？

藤原　実は、人間の組織論に通じるものがあったんです。コンピューターが別のコンピューターに指示を出して情報が伝わっていくのでなく、それぞれのコンピューターが勝手に動いているんだけど、目的が同じなので結果として機能する、という……。人間の組織と同様に、ピラミッド型ではなく、個々が自律して動く組織のほうが、私、好きなんです(笑)。

板東　……深いですね。当時、おいくつだったんですか？

藤原　30歳少し前です。

板東　80年代初頭ですね。当時から、複数のパソコンをつなぐ「ＬＡＮ」が発展してインターネットになる、というお考えはお持ちだったんでしょうか？

藤原　そのうち世界中で、コンピューター同士がつながるだろうと思っていました。じつは私、ビル・ゲイツさんとも同世代で、何度か会っているんです。彼は、将来スタンダードになるものを見抜いていました。まだコンピューターが工場や発電所の機械を制御するために使われていた時期に、ビルは「これが進化してマイクロコンピューターになる」と言っていたんです。当時はＣＰＵが4ビットから8ビットになった時代で、パソコンはおろか、電卓程度の情報処理能力しかなかった。なのに「将来、パーソナルな仕事でもコンピューターを使う時代が来る」と読んでいたんです。

ビルは「マイクロコンピューターのためのソフトをつくる」から、社名は「マイクロソフト」なのだと言っていました。面白いですよね(笑)。スティーブ・ジョブズさんも同じ未来を予測していて、彼は「大学入学したけど、教授がバカだから会社をつくった」なんて言っていました。**最先端の技術を扱うのはいいけど、それには、必ず「その先」があって、彼らはこれを読んでいたんです。**

板東　そんなビル・ゲイツさんとスティーブ・ジョブズさんがWindowsとiOSという二大OSをつくっているのも面白いですね。

日立エンジニアリングに8年間勤務されたあと、アスキーに転職されましたね。

藤原　イーサネットの開発が『コンピュータ&ネットワークLAN』という雑誌の特集に取り上げられたんです。これが当時アスキーの副社長で、マイクロソフトの独占代理店もされていた西和彦さんの目にとまって、ご連絡をいただきました。最初は、マイクロソフト、アスキー、日立の3社でLANの研究をしないか、というお話で、ビル・ゲイツさんに会ったのもこの頃です。すると、そのうち「もうこっちに来ないか?」というオファーがあって転職したんですね。

板東　元祖ＩＴ起業家の西さんとビル・ゲイツさんに誘われれば、また興奮もしますよね。その後、１９８７年に「ニフティサーブ」で「パソコン通信」が始まるなか、藤原さんはＩＳＤＮ対応の画像圧縮技術やCD-ROMに対応した動画圧縮技術（ＭＰＥＧ）の世界標準化を主導されましたね。

藤原　動画像のデータを配信する場合、データを圧縮して、送信して、受信したら見られるように展開する、という作業が必要になります。この規格である「ＭＰＥＧ」の標準化に取り組んだんです。実はこの頃、私とＮＴＴさんとの関わりがあったんですね。

１９８５年に電電公社が民営化されてＮＴＴさんになり、株式を上場されたんです。すると、国庫に配当金が入ってくることになり、国会で「このお金を何に使うか」と議論されました、その結果「基盤技術研究促進センター」をつくる、と決まったんです。電気通信の分野には、様々、リスクの高い研究があります。優れた技術を開発しても、スタンダードになるとは限らない、とか……。こういった研究を政府が補助する、「基盤技術研究促進センター」を通して7割補助する、というわけです。

そんななか、私は画像圧縮の研究に興味を持ちました。今ではインターネットで画像や動画を見るのが当たり前ですが、当時は違ったんです。

板東　「将来、インターネットで画像をやりとりするはずだ、だから、画像を圧縮・解凍するためのスタンダードをつくっておかなければいけない」と。

藤原　ええ。その当時から「将来はネットを経由したテレビ会議システムなどが普及する」といった考えがあって、私は圧縮・解凍方式の標準化は急務だと思ったんです。そこで、アスキーのほか、日立、新日鐵、京セラ、三井物産など10社を集め、グラフィックス・コミュニケーション・テクノロジーズ（GCT）という会社を設立しました。その後、アメリカの企業とも共同研究契約を結び、MPEG標準化の活動も積極的に行っていくと、当時、ISO（国際標準化機構＝国際的に通用する規格の制定を目指す）も「一般のコンシューマーが使う記憶装置に映像や画像を蓄積し、取り出すには業界標準化が必要」と認識していて、結果、世界の有識者が団結して共通標準化を完成させる、となったんです。だからMPEGは「Moving Picture Experts Group（動画専門家集団）」の略なんですよ。「ひかりTV」で使っておられる動画の圧縮技術も、実はこれがベースになっています

（笑）。

板東　その後は、もっと映像に近いところで、デジタルハイビジョンの標準化を成功させていますね。

藤原　これは大変でした。1993年の電波監理審議会は、ハイビジョンをアナログで送信するNHKさんの「アナログハイビジョン」という技術を採用したんです。しかし、アメリカでも欧州でも「ハイビジョン放送のデータはデジタルで配信する」と決まっていたので、私は「まずい」と直感しました。もしあの時、実際にアナログハイビジョンでの配信が始まり、これに対応したテレビを売れ……となっていたら、世界で日本のテレビだけが画像が悪かったと思います。完全なガラパゴス化です。そこでまず、私が立ち上げた、当時の郵政省がスポンサーになってくれた研究所で「通信速度が15Mbpsあればデジタル化できる」と実証しました。NHKさんは「30Mbpsないとできない」と言うんですが、「MPEG－2を使えば可能」と証明してみせたんです。

板東　でも、反対する方もいらっしゃいませんでしたか？

藤原　テレビをつくっている大手メーカーさんは、既にアナログハイビジョンテレビの製造を始めていたから、私の提案には困惑したと思います。一方、民放さんは私を応援してくれました。アナログだとBS放送は4チャンネルしかつくれないから、既存の民放各局は参入できなかったんです。

板東　もし藤原さんがいなければ、日本だけハイビジョンがアナログで、だからデータの圧縮ができず、BSも4チャンネルしかなかったんですね……。藤原さんもそうですが、自信を持って「次の時代はこうなる」「こうしなきゃ」と言える人たちって、何か共通点があるんですか？

藤原　（少し考え）**他人の評価を気にしませんね。**

板東　ああ、藤原さんを見ているとわかる気がします。

藤原　**人に向けて仕事するのでなく、結果に向けて仕事するんです。**私、周囲から「生意気なヤツ」と言われることはやっていないつもりですよ（笑）。でも「この考え方が上司や周囲からどう見られているか？」といったことは気にしなかったですね。私が常に考えているのは、政治的なことに対して妥協するのは悪、ということです。誰かが困るからアナログでいいや、とは思えないんですね。

しかし市場に対して妥協するのは悪ではない、とも思っています。

板東　市場――これが、次世代のスタンダードを見抜くためのキーワードですか？

藤原　まさにそうで、私は **「最終的には政治でなく市場が決める」** と考えています。

「デジュール標準」という言葉があります。公的な機関で会議の結果、合意された「標準」を指し、ＩＳＯなどの国際規格はこれに当たります。逆の「デファクト標準」は〝事実上の標準〟で、市場の多数に受け入れられた「標準」です。そして、ビルも私も「次世代の標準は市場が決めるのだ」と考えていました。そして時に、政治的に決まった技術や、純粋に技術的に優れている技術と、市場に受け入れられる技術は異なります。だから、様々な技術を標準化していく際は「私の技術は素晴らしい」でなく「ともに世界標準をつくりましょう」と、様々な企業に訴えかけ、参加を募る形にしました。

板東　ようするに、これは「マインドセット」なんでしょうね。藤原さんは「こんなことを言ったら、この人が困るんじゃないか」「誰かがこんなこと言ってくるんじゃないか」とは考えない。だから「これをやるべき」という強い意志が働くんでしょうね……。

これは、個人の生き方の問題でもあるだろう。何かが終わったあとで「本当はこれをやりたかったんだ」と言う人物がいる。そう言いたくなる気持ちもわからなくはないが、答えは簡単で、残念ながら「じゃあ、やればいいじゃないですか」でしかない。

聖徳太子がつくったとされる十七条憲法の第一条は、かの有名な「和をもって貴しとなし……」だ。じつはこれ、日本人のアイデンティティーにすり込まれていて、今も日本社会では時に「議論を重ねる」より「もめないこと」のほうが重要だ。

しかし、国際社会においては日本人のこの特徴が裏目に出る。物事が前に進まないのだ。それはそうだ。多くが「結果」を出そうと仕事をするのでなく「人」ともめないように仕事をしているのであれば、前に進むはずがない。

藤原さんは「スポーツ選手のような感覚です」と言った。「ヒットやホームランを打っていれば、最悪、監督に気に入られていなくても、使ってもらえるし、監督も使わざるを得ないでしょう(笑)」と。また「どうせ、打っていれば気に入られますよ」とも言う。

「未来はこうなる」というビジョンを持つことは重要で、本書もそのためにある。だがビジョンを持つだけでなく、こういったマインドがなければ、ビジョンは実現できない。そして意外とビジョンを持っている人間より、このマインドを持っている人間のほうが少ないのかもしれない。

モノが情報を発信。IoT時代の幕開けこそが「国を挙げての大チャンス」だ

板東　その後、藤原さんは1996年にインターネット総研を設立され、インターネットの高速化、接続料金の引き下げに貢献されましたね。

藤原　当時、インターネットは従量課金制で、しかも高額でした。そこで「定額料金で常時接続できるネットワークを」と考え、eAccess、ACCA、ヤフーBB、USENなど、様々なプロバイダーのバックボーンの設計に関与しました。NTTドコモさんの出資も受け、我々がi-modeやmoperaのインフラを設計しています。

板東　まさに、最高の時期に事業をスタートされましたね。

藤原　私、楽天の三木谷浩史さんとも友人なんですが、よく一緒に議論したんです。彼は「インターネットが普及したらeコマースをやる」と言っていて、当時「22店集まったからスタートします」なんておっしゃっていました。一方私は「そっちはあんまり興味ないからインフラをやるよ」と。

でも、スタートの時期がいいだけでは生き残れません。だから、ビル・ゲイツも創業期は非常に不安を抱えていましたね。未来のビジョンがあっても、やっぱり、似たようなことを考える人がいっぱいいるからです。

板東　当時プロバイダーも、2000〜3000というとんでもない数が参入してきたんですが、そのほとんどがすぐなくなりました。よく「早くマーケットを寡占化して、一人勝ちの世界にしないと生き残れない」と言われましたね。

藤原　楽天さんもそうですね。

板東　でも藤原さんを見ていると**「一人勝ちの体制を一人でつくる」のではなく「多くの同志を集め、その方たちと一人勝ちの体制をつくっていく」ことが大事**なんだな、と思うんですね。

藤原さんのデータセンターの事業も、アメリカとの合弁でスタートしていますね。

藤原　確かに、**技術の流れが見えていると同志も集まりやすい**ですね。

やはり、技術には流れがあります。私は科学史、技術史が好きで、割と「この時代にこれが発明されて、だからこういう産業が生まれた」と頭に入れておくほうなんです。

たとえば、産業革命が起こったのはイギリスのマンチェスターなんですね。ではなぜマンチェスターなのか、と好奇心を持って調べに行くと、これ、地形なんです。紡績機械を動かすエネルギーって、最初は水力で、マンチェスターには川が流れていた。この水力という基礎があって、これが蒸気機関に進化するわけです。

そんなことを知ろうとするうち、産業革命の歴史のなかで、現在がどの位置にいるかわかってきたんですね。まず動力を求めた時代があって、次に昭和の頃、内燃機関の性能向上や重化学工業の時代が来て、次にデジタル情報革命が来た、今はその真ん中だ、という流れが頭の中にあったんです。とすると、デジタル情報革命の時代を制するのは、コンピューター、半導体というハードと、ネットワーク、この3つが鍵だ、と思って、ならば、これらがどう進化していくかを知れば、今後、世界がどうなるかわかるはずだ、と。

板東　鍵となる技術があって、その性能向上を知れば、将来何が起こるかわかる、ということですね。

藤原　その通りです。僕がIBMにいた頃、コンピューターは1台が10億円くらいしました。ところがビル・ゲイツさんは「1台1000ドル(約10万円)になる」と思っていた。ここが違うんです。今思えば「すごいな、この人」と思いますね(笑)。

板東　インターネットが普及する前まで、パーソナルコンピューターはスタンドアローンで、使い方はビジネスユース、ワープロや表計算ができれば便利、といったものでした。ところが、インターネットが普及し、Windows3.1とか95が出てきてモデムで接続すると、「ああ、これはインターネットの端末なんだ」となった。

もし最初に、通信屋が気付いて、ネットワークの一部としてコンピューターをつくっていたら、今とは違う市場になっていたのかもしれませんね。

藤原　通信屋さんは、ちょっと堅い。

板東　「失敗したらいかん」という考えを持っているので、考え方がギャランティード（保証型）なんです。

藤原　これが、インターネットになって変わりましたね。**アプリでも、すぐ出して、バージョンアップを繰り返していく。多少のバグがあっても、あとで修正パッチを出せばいい、それよりも先に市場を押さえるほうが重要**だ、というわけです。そもそも、インターネットに接続する時のサービスも「ベスト・エフォート（最大限の努力）型」であって、ギャランティードじゃありませんし。

そんな業界だから、最初はベンチャー企業のほうが向いていたんです。

板東　では、未来の話を教えてほしいのですが……藤原さんは今後、どんな世の中が来て、どんなビジネスチャンスがあるとお考えですか？

藤原　結論から言えば、第4次産業革命が起こります。そして「情報通信産業が発展する」のではなく「情報通信産業があらゆる産業へと拡散、浸透していく」時代が来ます。

最初の産業革命のあと、19世紀後半から電力が活用されるようになりました。これが第2次産業革命です。次に20世紀後半にコンピューターが様々な産業で活用され始めました。これが第3次産業革命。次は、IoT(Internet of Things、モノのインターネット)による第4次産業革命です。

板東　私もまったく同じ考えを持っています。藤原さんは、具体的にはどんなことが起きると……?

藤原　**今までのITは、人が情報を受け取り、人が発信していました。しかし今後はモノが情報を発信し、モノがそれを受け取るようになります。**

たとえばGE(アメリカのゼネラル・エレクトリック社)の「プリディックス・クラウド」です。様々な機器に多数の検知器を搭載し、集まったデータをリアルタイムで分析します。仮に航空機であれば、機体に様々なセンサーをつけ、燃料の燃焼効率や、偏西風がこう吹いている、といったデータを集め「こうすると燃費がよくなる」といった情報を得て航空会社に販売しています。ＧＥは新しいサービスモデルとして、シリコンバレーで１００人ぐらい雇って、成功させています。

板東　「自律化」ですね。

藤原　ＩｏＴのフェーズ１は、モノがどういう状況にあるか、モノ自体を「見える化」することです。フェーズ２は、モノから得た情報を元に自動制御が可能になることを指します。フェーズ３が最適化。可視化されたデータをビッグデータとして分析し、フィードバックし、その機械に最適な動きをさせるわけです。フェーズ４が、これらの技術を組み合わせ、人手を加えなくても常に機械が最適な判断を下せるようにすることを指します。私は、これが全産業に浸透していくと考えています。そして、これは日本のチャンスでもあるんです。

板東　なぜでしょう？

藤原　インターネットの世界では、最初に市場を取った人がtake allです。現在も「ＦＡ

NG」――「Facebook, Amazon, Netflix, Google」が市場を支配しています。ただし、彼らが市場を支配できた理由は「英語」なんです。ハリウッド映画と日本映画の差と同じで、これらは英語圏のサービスだから世界中に展開できたんです。

でもIoTの情報発信源は人間でなく「モノ」。だから日本語も英語も関係ない。とすると、ここがチャンスなんです。しかも、これは日本企業にとっては最高のチャンスなんです。なぜなら、モノづくりと密接に絡んでいますからね。

現在、インターネットにつながっているデバイスの数は100億ほどと言われている。だが、マッキンゼー・グローバル研究所が公開したレポートによれば、2025年にはこれが500億、1兆個になる可能性があるという。国連の予測によれば、2025年の世界人口は80億人程度。1人がインターネットにつながるデバイスを100個、200個持つ、というわけだ。

現在から考えると、パソコン、スマートフォン、テレビ、プリンターのほかに何が？と思うかもしれないが、将来はありとあらゆるものがネットにつながる。冷蔵庫、エアコン、体重計、ドアホン、靴、鞄、自動車……。するとスマートフォンで自動車を駐車場から呼び出す時代が来る。靴がネットにつながれば？　メガネがネットにつながれば？　そこでアイデアを出すのが、今後、主導権を握る企業だ。

意外かもしれないが、
創造性は「型」から生まれる
岡田流「運をつかむ組織」をつくる
マネジメント法とは

岡田武史

元サッカー日本代表監督
現FC今治オーナー

×

板東浩二

Takeshi Okada

1956年、大阪府生まれ。今治．夢スポーツ代表取締役会長。早稲田大学卒業後、古河電気工業へ入社。サッカー選手時代のポジションはディフェンダーで、日本代表として国際Aマッチ24試合に出場。引退後の1997年に日本代表監督となり、史上初のワールドカップ本選出場を実現。その後、横浜F・マリノスを率いJリーグを制覇し、日本代表監督再就任後は南アフリカワールドカップで日本サッカー史上に残る好成績を収める。その後、中国サッカーチームの監督を経て2014年にFC今治のオーナーに就任。「岡田メソッド」を基に、日本サッカー界の「育成改革」、さらには「地方活性化」に取り組む。

サッカーと企業って、驚くほどよく似ている

知人を介し、サッカー日本代表監督を2度務めた岡田武史さんと知り合った。聞けば、今は四国・愛媛県今治市に本拠を置くFC今治でオーナーをされており、チームの運営、選手の育成、地域振興などで、いままでにない挑戦を繰り広げているという。

監督として2度、ワールドカップを戦い、Jリーグも制覇された岡田武史さんが、なぜ監督の枠を飛び越えようとしているのか。

岡田さんのビジョンを知りたくお話をうかがいに行くと……彼の組織論が最高に面白かった。よく一流経営者が組織について語っていて、私も大いに勉強させてもらうのだが、サッカーの監督が組織を語るとまったく別の角度から勉強になるのだ。ここも同じか、ここも同じなのか——と。

「俺ら仲良し」は、チームワークでも何でもない

板東　岡田さんは、まさかご自分が代表監督やサッカーチームのオーナーになるとは思っていなかったそうですね。

岡田　ええ。ずっとサッカーはやっていたんですが、私が大学を卒業する時はまだＪリーグがなく、しかも学生結婚していたから、就職する時は「まず、かみさんを養っていかなきゃ」と、そちらに必死だったんです(笑)。だから就職活動の時も「給料が高い会社に行こう」とマスコミを志望しました。ところが、入社試験と大学のリーグ戦の日程が重なっていて、監督に「休ませてほしい」と頼んでも「何言ってんだ、じゃあ1日だけ休ませてやるから1社に絞れ」なんて言うんです。そして、学ランを着てテレビ局を受けに行くと、当時のメディアってジーパンと長髪で就職の面接に行くような人が多かったからか「キミ、サッカーやってるほうが向いてんじゃないの」と落とされました。だから僕は今も、その会社の取材はあまり受けたくない(笑)。

板東　結果的にはいいアドバイスだったのかもしれませんね(笑)。その後、古河電工に就

職して、サッカー部（ジェフユナイテッド千葉の前身）に入部されますね。

岡田　サッカー一辺倒じゃなく、本気で「将来は社長になる！」と思っていました。また、上司が素晴らしい方で「サッカーは10年もやれば引退だ。ちゃんと仕事もできるようにならなきゃ！」と、いろいろ任せてくれたんです。サッカー部の人間は社内で何か発表するようなことはしなくていいんですが、僕の上司は「やれ」と資料をくれます。見ればコンサルタントの方が読むような難しい本で、微分積分まで使っているから、久々に数学の本を買って勉強したりして……。

板東　そんななかで、1985年にはリーグ優勝を果たして、翌年には日本のチームとして初めてアジアクラブ選手権で優勝するんですからすごい。

プロとして生きていこう、という転機はいつ頃だったんですか？

岡田　1990年に34歳で現役を引退したんですが、当時ちょうど、Jリーグが誕生して日本にもプロサッカーリーグができる！という状況だったんです。そんななか「コーチになってくれ」と打診され、私のほうにも「サッカー界が盛り上がってきているのに安全策を取るのはどうなんだろう」という思いがあったんですね。そこで、思い切ってプロ契約のコーチになりました。年俸は会社員時代とほぼ同じだったことを覚えています。

その後、1年間ドイツに留学した経験が大きかったですね。僕は選手時代「コーチはなんでこんな練習をさせるんだ?」とか思うことが多くて「自分がコーチになったら絶対、選手の時に考えた通りの練習をさせるんだ」なんて思ってたんです。僕がチームを牛耳ってるような感覚も持っていました。ところが、まったくうまくいかないんです。それで行き詰まって「1年間充電させてほしい」とコーチとして海外留学できるように、人事に頼み込みました。

板東　何を学んだんですか?

岡田　それが、サッカーに関してじゃないんです。ドイツではこんな練習をしていて……という話は日本のクラブにも情報が入っていて、目新しいことはありませんでした。大きく学べたのは「なんとかやっていく」すべと、チームマネジメントでした。

まず、家族を連れて、前任者も何もいないところに行き、家探しから始めなきゃいけない。ドイツには不動産屋がなくて、新聞で個人売買を行うんです。電話で何か言われて、わかんないから訪ねてみたら「アンタ、ダメだって言ったじゃん」とか言われるんです。涙が出ますよ(笑)。やっと見つけたら、ゴミはどこに捨てるのかすらわからない。ドイツって、資産価値が下がるんだか知りませんが、隣の家の人が「わかってない人」だとすんごく怒るんです。ちょっと窓をバーンと閉めちゃっただけで横からワーッと怒られる、そんななか、家族以外に助け合う仲間はいない。

チームでも死にものぐるいでした。最初のチームは、週に3回しか練習がないアマチュアで、しかも練習を外から眺めるんです。「こんなのののためにに来たわけじゃない」と自分でチームを探しましたよ。すると、ハンブルクのチームの監督は英語ができる、という話があって、飛び込みで行ったら「外で見てろ」と言ってもらえたんです。でも、近所のおじいちゃんに混じって練習を見ているわけにいかないから——仮に選手が体操していれば、いかにもスタッフっぽく100メートルくらいの距離で同じ体操をして、翌日は80メートル、翌日は60メートル……と、毎日20メートルくらいずつ近づいていったんです(笑)。すると20メートルに近づいた日に監督と目が合っちゃって「やばい」と思ったら彼が笑ってくれた。「これは行ける」と、ボールが外に飛んでいったら「自分が拾ってきます!」なんて球拾いを始めると、たまたま試合の翌日、サブ組の練習で人数が足らず「OKA、入れ!」と言われたんです。そしたら監督が「オマエ、そこそこできるじゃないか」って言うんですよ。「だから元日本代表だって言ったじゃない！」と。僕が眼鏡をかけて、ひょろっとしているのもよくなかったかもしれないけど、あんまりですよね(笑)。でもそれから、練習を任されたり、遠征やミーティングに帯同させてもらえる位置を勝ち取れたんです。

板東　そういう体験をすると、人間、変わってきますよね……。

岡田　マネジメントをする感覚も変わりました。当時、日本代表が集合したら、その日は監督主催の大宴会が行われ、カラオケまで行って「俺らは、仲良しだ」とやっていたんです。でもこれって、チームワークでも何でもなかったんですよ。そういう好き嫌いみたいなものでなく**「自分たちはこういうサッカーを目指すから、この場面で彼はこう動き、自分はこう動く」と全員がわかっている、それが「チームワーク」を生む**んです。目指すサッカーが見えているから、現場で「俺がこうしたらこうしてほしい」といった議論も行われる、こうして、いざ試合を迎えると、目配せするだけでお互いの意思の疎通ができるんです。

板東　企業組織そのものですね。新しいことを始めると、必ず「ここ、誰がやるの？」とか「ここ、何が目的なの？」といった部分が出てきます。だから、みんなが何を目指すか理解していて、現場でもコミュニケーションができていないと、チームが成り立たない。

岡田　まったく同じですね。だから極端に言えば**「こいつは好かんけど、ここに出せば決めてくれる」でもいい**んです。お互いを認め合うことが大切です。ただ、仲が悪いよりはいいほうがお互いを理解しやすい。ドイツでは、そのためにコミュニケーションを取っていました。だから、監督も嫌われることをまったく怖れてなくて、成績が悪くなると、みんな「しょうがない、これがサッカーだ」と辞めていく。カッコいいですよね。「俺も辞める時は、あれ、言おう」と思いました(笑)。

板東　そのあと、日本代表チームのコーチになられて、急に監督に就任されましたね。

岡田　1997年、フランスワールドカップの予選でカザフスタン戦を戦ったあと、いきなり加茂周監督が更迭されました。直後にウズベキスタン戦があり、次の監督を招聘する時間なんてありません。だから、コーチだった私がやるしかなかったんです。

板東　普通の状態の人事じゃなかったですよね。

岡田　そうなんです。だから私も有名になるなんて思ってもなくて、電話帳に自宅の連絡先を載せたままだったんですよ。その結果、私のやり方が気に入らない方からの脅迫状や脅迫電話がひっきりなしに舞い込んでくるようになったんです。

板東　1994年にアメリカワールドカップ出場を逃し、1998年のフランスワールドカップまで逃すと、2002年の日韓ワールドカップの自国開催が初出場になってしまう……そんな状況でしたね。

これは、日本のサッカー関係者やファンの沽券に関わってくる。

岡田　報道も過熱して「そもそもアイツには監督経験がない」なんて言われまくって、もうメチャクチャ。警察が24時間体制で自宅を守ってくれるようになったんですが、テレビをつければ私がボロカスに言われていて、それを見て、まだ小さかった長男が泣くんです。最後、アジアの第3代表を決定する戦いのためにジョホールバルに行った時は、試合の前日、かみさんに電話して、本気で「もし勝てなかったら俺は日本に帰れない」と言いました。

ところが、ここで私、怖いものがなくなったんです。

板東　ほう！

岡田　電話を切って、何時間かして部屋で試合のビデオをチェックをしていた時、突然思ったんです。「もう、いいや」と。ある意味、開き直りですよね「明日、俺は今持ってる自分の力を命がけで出す。それで駄目ならしょうがない」「負けたら謝るけど、俺のせいじゃない。そもそも、あの状況で加茂さんを更迭して、わざわざ俺を監督に選んだ会長のせいだ」と。

だから翌日の朝、散歩してると記者がぞろぞろついてきて「今日の試合は」とか言うんですが、今までと違って恐怖感がないんです。「ああ、今日の試合はもう、俺が出せるすべての力をかけてやるよ。それであかんかったら、ごめん、謝るから。でも、俺をたたくなよ。会長をたたいてよ」って(笑)。言わば、分子生物学者の村上和雄先生がおっしゃる、何か「遺伝子にスイッチが入る」ような感覚……。

板東　書籍『生命の暗号』に出てくる話ですね。

岡田　そうです。我々の中には氷河期や飢餓期を超えてきたご先祖様の強い遺伝子が眠っていて、環境や考え方に影響を受け、急にオンになる、という……そんな話通りの感覚があったんです。例えば**経営者でも政治家でも、倒産、闘病、戦争、投獄、なんてものを経験した人は強いじゃないですか。私も「日本に帰れない」とまで追い詰められた瞬間、人生が変わり出した**んです。

板東　突然、日本の国威のようなものを背負わされたわけですからね……。

よく、経営者の話を聞くと「道を選べる時はキツいほうを選ぶ」といった話を聞く。これはよくわかる。キツいことを選択するからこそ、知恵が出る、腹も据わる。耐えられる範囲が広がっていく。

そして、一度自信がつくと、また「なんとかやっていけるはず」と挑戦できる。すると、またできる範囲が広がっていく。人生は、これを何度繰り返したかで到達範囲が決まるような気がする。

運をつかむ組織、惜しくも勝ち切れない組織、その具体的な差とは

板東　そこから、FC今治のオーナーになったのはなぜですか？

岡田　ブラジルワールドカップでザッケローニ監督の日本代表チームが負け、マスコミが一斉に「あんなのじゃダメだ」と言い始めたんです。一方、僕はザッケローニのサッカーは、ちょっとボタンの掛け違いこそあったものの、全体としては理にかなっていると思っていました。そんなこともあって、いろんな人に「日本のサッカーはどうあるべきか」と聞いてまわっていたんです。すると、スペインの有名なコーチにこう言われたんですよ。「スペインには〝プレーモデル〟っていうサッカーの〝型〟のようなものがある。日本にはないのか？」と。僕が「ない」と言うと彼は驚いていたし、私も〝スペインのサッカーは自由奔放〟が常識だったので〝型〟ということにかなり驚きました。

でも詳しく聞いていくと、長年の疑問が氷解していったんですよ。スペインのサッカーは、具体的な戦術より前に「プレーモデル」という理想形があるんです。これが共通認識になっていて、監督、コーチも、これを実践できるように指導していく。選手も「なぜこの練習をやっているのか」と明確にわかります。こうした基本を16歳くらいまでに教えた

あと、選手個々の創造性に任せていくんです。だから、自由にやっても機能するんですね。

一方、日本のサッカーは、いきなり選手に自由な発想を求めます。そこで練習も「コーチング」と呼ばれる質問形式のもので行っていました。「16歳以下なら自由に球を蹴らせて遊ばせておこう」といった雰囲気さえあります。でも、これだと「理想はこうだ」という共通認識がないからチームはバラバラなんですね。サッカーは野球と違い、試合中にサインは出せません。選手に任せて機能するのが理想です。そのためには、人間関係の「常識」に当たるようなものは必要だったんです。しかし日本ではこれがないまま成長し、ある日、監督が「うちのチームの戦術はこう」と具体的に教え始めるから「日本人の選手は言われたことしかできない」と揶揄されてしまうんです。

板東　マネジメントに似ていますね。プレーモデルを企業理念や行動規範に置き換えれば、企業の人材育成と同じだと感じます。

いきなり手取り足取り仕事を教え込んでいくと、ほかの方法ができない人間ができあってしまいますよね。だから企業理念や行動規範をつくり、「我々はどんな集団なのか」「社会でどんな役割を果たすのか」と全員で共有して、その上で「具体的なやり方は任せるよ」「あなたが自由な発想を活かして目的を達成してください」とすると、とんでもない方法を編み出すプレーヤーが出てくる（笑）。でも、企業理念や行動規範さえ提示せずに「うまいこと利益を出してください」じゃ、社員同士の連携は取れません。

岡田　**じつは「自由な発想」って、自由なところから出ないいんじゃないかと思うんです。何か、縛りとか、囲みがあるから、それを破って、驚くような発想が出る**んじゃないか、と。

もし、日本人が世界で勝っていこうと思って、C・ロナウドやロッベンのように、速くて、ドリブルもできる選手がいたとしても、それだけでは強くなれません。なぜなら、サッカーは組織で勝つスポーツだからで、彼らが囲まれた時にフォローする選手がいてこそ、彼らのテクニックも活きます。そこで私は、日本人が世界で勝つための「型」や「原則」をつくって、16歳までにみんなに共有し、徹底して落とし込むチームをつくりたいと思ったんですね。

板東　「OKADA METHOD」ですね。具体的にはどのような？

岡田　様々な共通原則があります。たとえば、ピッチをプールのコースのように、5つのレーンに分けます。そして、攻撃中、選手はボールを持った選手がいるのと同じレーンには入らないようにします。そのほうがパスを出しやすくなるからです。また、ボールを中心に大・中・小、3つの円を描き、小さな円「第1エリア」にいる選手はボールを奪いに行き、中くらいの円「第2エリア」の選手は相手のパスコースを切る動きをし、大きな円「第3エリア」の選手は相手選手に自分の背後を取られないようにします。背後を取られると、自由にパスを受けられてしまうからです。

このような基本の「型」を練習で落とし込んでいきます。そして、物事を学び、実践する時に重要な「守・破・離」の原則に従って教えていくんです。

板東　何事にも「守・破・離」がありますよね。

岡田　**基本の型を学んで、この通りにやってみる段階が「守」**です。次に**型の目的達成の方法を自ら見つけ出す、これが「破」。**最後に、目的もわかる、これを達成するための方法もいくつか知ってる、という状態になると、**考えずとも瞬時の判断でプレーできます。これが「離」、**教えからは離れ、本人の潜在意識の欲求に従ってプレーしているから、周囲から見ると自由に見えるんです。

「OKADA METHOD」は、これを実践するための「トレーニングプログラム」、「コーチング理論」、「ヒューマンルーツプログラム」や「フィジカル」「コンディショニング」を整える方法、「ゲーム分析法（KPI評価）」も含みます。だから、試合を終えたら必ず試合の評価を行い、改善のための計画を立て、次の試合で実行します。これはいわゆる「PDCAサイクル」（「Plan」－「Do」－「Check」－「Action」の順で行動する）と同じです。「Match」－「Training」－「Match」でなく、「Match」－「Playmodel」－「Training」－「Match」の順に実施します。

板東　私はサッカーに関しては素人ですが、企業の組織をつくっていくさまと、岡田さんのメソッドは非常によく似ていると感じます。でもこれ、日本サッカー協会を通して実現していくとか、そういったことはお考えにならなかったんでしょうか？

岡田　考えたんですが、まだ私の考えが正しいかどうかわかりません。日本サッカー協会でやっていて10年経って間違っていたとなると取り返しがつかない。またJリーグのクラブのようにできあがったところでやると、今あるものをつぶすネガティブなエネルギーが必要になります。であれば10年かかっても1からできるところはないかな、と思っている時に、ふとFC今治なら、と思ったんですね。

今治に先輩の会社があって「上場を手伝ってくれ」と頼まれ役員をやっていたんです。ここがアマチュアのチームを持っていて、僕も教えていたんですね。そこで社長に「こういうことやりたい」と話すと「ぜひチャレンジしたらいいよ」と言ってくれたんです。

もちろん、甘いものじゃなかったですよ。「そのかわり、株式を51％取得してからにしろ」とおっしゃるので「覚悟してやれ、ということか」と思いました。まあ負債もかなりありましたが(笑)。

板東　もう、ビジョナリストだからこその苦難を一身に背負われていますね。

岡田　社員や選手のお給料などを考えると、毎月3500万円ほどのキャッシュフローが必要です。代表監督の時もプレッシャーはありましたが、経営者としてのプレッシャーはまた別で……。監督の時は、肩に重い鉛が載っていても、試合までにできることをやりつつ耐えていればいいんです。ところが経営者になると預金通帳がゼロになった夢を見たりして、毎月毎月、真綿で首を絞められるような……。わかってもらえますよね？

板東　わかります、わかります。「現状だとあと半年だ、この会社」といったことが、立場上、よく見えるんですよね。

岡田　そこで、1年目は経営規模を大きくしていくことに注力しました。JFLに昇格したのは2年目です。ここで上がれないと、スポンサーさんに申し訳ないし、町の盛り上がりも冷めちゃうから、練習もかなりやりましたし、僕も全試合ベンチに入りました。
　そして予定通り昇格はできたんですが、それって反作用もあるんですよ。

板東　というと?

岡田　僕が出しゃばって勝ってしまうと、コーチや監督は必ず、心のどこかにふっと「オーナーがいなくてもいけたのにな」という思いがよぎるはずなんです。コミュニケーションは取れていますし、信頼関係もできているんですが、それでもです。

板東　なるほど、人に教えるって、そんなものですよね。

岡田　だから、何かやる時は現場から「手伝ってほしい」とか「もう少し資金がほしい」と言ってもらったほうがいいんです。じつは1年目に現場が「ある外国人選手と契約したい」と言ったんですね。でもビデオを見て、僕は「経験でわかる、こいつ、活躍しないぞ」と言いました。けれど、ここで僕が意見を通してしまったら必ず、現場が苦しい時に「アイツを獲ってれば」という思いがよぎります。だから僕は「これも授業料だと思っておくよ」と獲得したんです。やはり活躍しませんでした。だからＪＦＬで調子が悪い時も、こっちから口を出すのでなく、現場から「練習してもらえませんか」と言われたから動く、といった形を取りました。

板東　懐が深いですね。「聞く耳を持ってもらう」ことがどれだけ難しいかよくわかります(笑)。ほかにも、マネジメントでチームを強くする秘訣があればお教えください。

岡田　一番大切なのは、戦術よりも何よりも「モラル」、ということでしょうか。まるで口うるさい先生のようですが**「時間を守る」とか「ロッカールームをきれいにする」とか、そういうことが非常に大事**なんです。

具体的には……横浜Ｆ・マリノスの監督をしていた時のことです。設備は素晴らしいんですが、整理整頓されていなくて、はっきり言えばグッチャグチャでした。そこで「みんな、こんなところでいい練習ができると思うか？」と話して、それでも変わらなかったから僕が毎朝6時くらいに行って、スリッパを揃えて、全員のウェアを畳んで、設備の掃除もしたんです。選手が「おお、きれいになってんなぁ」なんて言うんですが、私は何も言わない。すると、トレーナーか誰かから「おい、監督がやってるらしいぞ」と漏れて、その瞬間にバーッときれいになりました(笑)。つまんないことですが、これが本当の一歩目なんです。

板東　わかるような気もしますが、なぜですか？

岡田　例えば、コーン(サッカーのピッチに置いておく目印)を置いて「この外側をまわれ」と言ったのに、そこまで行かず内側をまわる選手がいます。真面目に外をまわるヤツは、むしろからかわれていました。そこで僕が「おい、今、コーチ、コーンの外って言わんかった？」と聞いたら、選手が「いや監督、内も外もそんなに変わんないじゃないですか」と言うんです。

板東　人間、放っておくとラクなほうラクなほうに流れますからね。

岡田　しかも「え、監督、外走ったら、体力つくんですか？」なんて言うんです。そこで「いや、変わらん、変わらん。でも違うんだ」なんて言いながら、こんな話をするんですよ。

運というのは、いつでも、誰の近くにもあるもんだ。それをつかむか、つかみ損ねるかで人生は変わる。俺は自分でつかみ損ねておいて「運がなかった」って言う人、いっぱい見てきたよ。俺は、そんなの絶対嫌だね。おまえがたった1回、コーンの内側まわったせいで運をつかみ損ねて、優勝できないかもしれない、おまえだって、ワールドカップ行けないかもしれない。俺は自分のチームからそんな惜しいヤツ、出したくないね。「ここからここまでダッシュ」と言ったら、ここからここまでであって、1メートル手前じゃない。**全部運をつかんでも勝てるかどうかわかんないのに、自分でつかみ損ねておいて勝とうだなんて、そんな甘いことは世の中にない。**

――なんて会話をすると、1か月もしたら、誰一人、コーンの内側走らなかったですよ。これ、コーンの近くにコーチを立てて「外側走れ。内側走んな」ってやらせたんじゃダメなんです。コーチがいなくなったら、また内側を走るようになります。自然と、外をまわるようにしていくんです。すると、勝つチームになるんですよ。

板東　感動しました。組織全体の「運」もこういうところから決まるんでしょうね……。

岡田　横浜F・マリノスの選手で、才能が足りないヤツなんていなかったですよ。よくマスコミは試合後の報道で勝ったの負けたの戦術論をやるし、選手は「才能」があるとかないとか言うけど、**勝負を分けるのって90％ぐらいはコーンの外側をまわるような、小さなことで決まるんです。**

たとえば2010年のワールドカップの時です。あの大会まで日本代表は、アウェーのワールドカップ本大会で1勝もしたことがなく、選手も緊張があった。そこで僕は全選手に過去の試合を編集したビデオを見せながら、一番大切なことを話したんです。「この中に、戦術の問題はあるか？　システムの問題はあるか？」……見ればわかるんですよ、そんなもの、ひとつもない。「こいつがここでスライディングしてりゃやられてないじゃん。こいつがついていってたら何も問題ないじゃん」、と全部そうでした。だから**「俺一人くらい」とか「ここで1回くらい」というのをなくすんです。**よく「勝負の神様は細部に宿る」って言いますが、細かいことをきちっとやる習慣がチームにあるかどうかで結果はまったく変わるんです。

これ、なかなか説明のしようがないから「運」と呼んでいるんですが、本当はもっと、何か、言いようがあるんでしょうね(笑)。

板東 教えを請う立場の私が言うのもおかしいのですが……そういう「運」の有無って、よそを訪ねると、うっすらわかりませんか？

岡田 **「運」の有無は練習場に入ると30分くらいでわかります。** 選手の動き、言葉で「ああ、このチーム勝つな」とか「勝ち切れないかな」と。でも、もやっとしているから、やっぱり「運」という言葉を当てはめているんですけどね。

メディア対応を180度変えた理由

板東 さっき、メディアの話も出ましたが、オーナーになってみて、メディアについてはどう感じますか？

岡田　そこが監督の頃と180度変わったところです。それまでは「いいサッカーして強けりゃいいだろう」くらいに思っていましたから、サービス精神なんてものはまったくない(笑)。そもそも最初の代表監督の頃は、僕より年上の記者さんばっかりで「おまえがこの場面でこうしたのは最悪だった」などと、弾劾裁判のような形で責められていたから、私も自然と「メディアに嫌われようが、それがなんだ！」と思っていたんです。だから記者に「私はこうすべきだったと思うんですが、監督は？」なんて聞かれると「あなたと違ってよかった。一緒だったらアマチュアになっちゃうもん」なんて返してました。もう、ハーフタイムのインタビューも、とにかく素っ気なかった(笑)。

ところが経営者になると、今度は「人気面は大丈夫か？　お客さんは何人来ていただけた？」と気になって仕方ないんです。自然と選手やスタッフに「お客様あってのサッカーなんだ！」と言っていましたし、雨が降った時は「このお客さんは絶対逃しちゃいけない」と、気付けばスタンドでお客様全員と握手していました。周囲は「あの岡田さんが？」といった表情でしたが(笑)。

板東　視点が変わって、別の景色が見えたんですね。

岡田　監督の頃は「サッカー」という競技のことしか見えてなかったんです。しかし今は「サッカー界」というステークホルダー全体の視点で捉えています。すると、チームとサポーターとメディアは共同体だ、と思うようになったんです。

現在の立場でメディアの方にお願いするなら、純粋にサッカーを楽しむ部分と、それ以外で盛り上げる部分、両方を大切にしてほしいですね。盛り上げるのはいいんです。人気がある選手をアップにして、「この選手がいくらボーナスをもらった」とはやしたて……という部分も世の中から求められているんでしょう。しかし、サッカーを詳しく報じる部分は区別して、私たちと真剣に向き合ってほしいんです。例えばイングランドのサッカー放送は、アナウンサーの実況を聞けばすぐ「この人もプレーヤーだったんだな」とわかって、試合の内容も「そういう見方があるのか」と新しい発見になることを話してくれます。こういうメディアのほうが、僕らもいろいろ話しやすいですよ。

板東　確かに、コラボレーションで発展する時って、お互いの敬意が欠かせない気がします。

岡田　メディアには2種類あるんです。日本サッカーの発展を考えてくれているメディアと、ただ煽っているメディア。そして監督も選手も、「このメディアがどちらなのか」は接していればわかります。視聴率も大切だと思いますが、メディアとスポーツは不可分だから、お互い長い目で応援し合っていきたいですよね。

板東　では、岡田さんはFC今治をどう育てていきたいんでしょうか？

岡田　もちろんJ1に行って、優勝して、代表選手を輩出して……と思います。もしうちから5人、日本代表の選手が出れば、代表チームも岡田メソッドのスタイルになっちゃうんですよ。そういう夢がありますね。

でも、それと同じくらい大きいのが……みんなに「なんで？」って言われるんですが、サッカークラブにあるまじき理念を掲げていて、これを実現したいんです。

板東　理念、どんなものですか？

岡田　「次世代のため、物の豊かさより心の豊かさを大切にする社会創りに貢献する」というもので、僕らの行動の根っこです。日本はもう70年以上戦争をしておらず、僕も高度経済成長という最高の時代を生きてきました。じゃあ、未来にどんな社会を残すかと言えば、１０００兆円を超える財政赤字、年金危機、隣国との緊張、環境破壊……これで本当にいいのか?と思うんです。

僕は、倉本聰さんと、富良野で「自然塾」という環境教育プログラムをやっています。そこには「46億年・地球の道」があるんですね。46億年が４６０メーターになっていて、歩いていくとマグマオーシャンの時代から始まって、全球凍結の時代、カンブリア紀と続きます。ホモサピエンスが生まれるのは最後の2センチ(笑)。産業革命以来、２００年くらい化石燃料を燃やしてきましたが、これ、０・０2ミリなんですよ。よく「地球が危ない」なんて言いますが、こう考えると地球は危なくない。海の温度が45度くらいだった時代もありますから。正確には「人類が危ない」なんです。それも我々の時代はまだ大丈夫ですが、子どもたちの時代が大変なんです。

すべての生物は命をつなぐために生きているわけです。ところが人間は自分のためだけに生きているのかもしれません。

板東　経済合理性ばかり追求してますからね。

岡田　ネイティブアメリカンに今も伝わる言葉があります。「地球は子孫からの借りもの」というものです。「地球はご先祖さまから引き継いだものじゃなくて、未来に生きる子どもたちから借りてるものだ」と。そして、借りてるもんは壊したり汚したりしちゃいけない。ところが文明人と言われる我々は「今日の株価、今日の経済」なんてことばかり考えていて「子どもたちの時代の人類のために」とはあまり考えてない。

本来は**「子どもたちにどう地球を返していくか」を考えることで、様々な社会アジェンダの答えが見える**んですが……。

板東　（なんで、スゴイ人はみんな、歴史レベルで物事を考えるんだろう？）

岡田　そんな視点を持ちつつ活動していると、どうしても、目の前の「今治」のことが目に入ってくるんです。街の一番中心の呑吐樋《どんどび》という交差点に行くと、芝生になった更地がありました。「ここ、むかし何があったんですか？」と聞くと、デパートだと言う。海に向かっていく道には商店街があって、昔は島に行く船があったから栄えていたらしいんですが、いまは島に橋が架かり、船が出なくなって、閑散としていました。

すると「ＦＣ今治が成功したって、いつか立っている場所がなくなるなあ」という思いが湧いてきますよね。だから「一緒に元気になる方法、考えられないかな」と思ったんです。強いチームをつくるのは当たり前で、それより、永続的な社会、豊かな社会を築いていく第一歩として、サッカーをやりたいんです。そこでまずは地元の中学校、高校のサッカー部を全部まわって「岡田メソッドをみんなでやりませんか？」と相談しました。そして、その頂点であるFC今治が面白いサッカーをして強くなれば、全国からもアジアからも人を受け入れます。もちろん、指導者として勉強したい人もです。じゃあそういう人たちを、おじいちゃん・おばあちゃんだけになった家にホームステイさせて、うまくいけば、おじいちゃん・おばあちゃんが、スポーツマンの食事の勉強を始めたりして、何か、気がついたらコスモポリタンで活気ある町になんないかなあ、と思うんです。

板東　壮大ですね。

岡田　さらにはスタジアムも変えていきたいんです。NTTぷららさんには既に新スタジアムのスタジアムソリューションを手伝っていただいていますが、もっと「驚き」があっていい。独身の男性客と女性客が来たら、AIが相性も考えた上で隣同士にしちゃうとか。その結果、スタジアムが「ここに行けば何か賑やかで、一体感がある」という場所になればいい。現実的な話で言えば、ＦＣ今治はEXILEが応援してくれているから、たとえばチケットにスマートフォンをかざすとＡＲでEXILEのメンバーが出てきて「今日は勝つぞ！」と言ってくれるとか。サポーターがスタジアムに行く前に「ＦＣ今治頑張れ！」と動画を撮って投稿しておくと、スタジアムのビジョンやほかのサポーターのスマートフォンにそれが映せるとか。なかには彼女に「結婚してください」なんてのもあっていい(笑)。また、例えば健康診断の設備があって、スポーツのトレーナーもいて、年に一度、健康診断を受けたらスポーツもやってお帰りになる、とか……。

板東　どれも現在の技術で可能ですね。

岡田　しかも、ＡＩで「この選手は、これだけ雨が降ったらこの辺でケガをする」とか「このゾーンでこいつがこう動いた瞬間にチームがやられる」とわかるとか、あっていいですよね。ただし、そうなったら監督がいらなくなってしまいますが(笑)。

でも、こういうことって口に出していると実現するんです。今治タオルのブランディングもされた佐藤可士和さんが、今治に新しいコンセプトショップをオープンさせ「岡田さんトークショーやろうよ」と言うから行ったんです。すると記者会見で佐藤さんが「10年前、今治にこんな人が集まるなんて考えられなかった」とおっしゃるんですね。だから当時、タオルのブランディングは東京で行ったらしいんですが、彼は「でもこの間、劇的に状況が変わった」と言い「今はタオルだけをブランディングするのでなく、今治全体をブランディングしなきゃいけない。だから戦略第1弾としてFC今治とコラボします」と言うんです。僕、聞いてなかったから(笑)「可士和さん、またいきなり」と思いましたが、これはうれしかった。

その後、今治の大三島で活動されている建築家の伊東豊雄さんや、ヒデ(中田英寿氏)と食事をして「豊雄さんもヒデの友人の可士和さんも今治に来ているから、ヒデ、おまえも今治来て」とか言って、うそみたいな話が実現するかもしれないんです。**夢って、語ってると、実現してきますよね。**なんだかもうワクワクしてきちゃって(笑)。

板東　「初めに言葉ありき!」です。岡田オーナーは、いろんな人を巻き込むのが上手なんですね。時に岡田さん、docomoや「ひかりTV」では「DAZN」のコンテンツを提供しているので、サッカーを楽しんでいただけるんですが、見ていただいていますか?

岡田　それが、まだ見ていないんです。最初、Jリーグの村井満チェアマンから放映権を

DAZNに売ると聞いた時「画質悪いんじゃないか?」と聞いたんです。すると「きれいに映りますよ。スマホでもどこでも見られます」というから楽しみにしていたんですよ。でも、60歳を超えるとIDだ、パスワードだと言われるのが面倒で(苦笑)。

板東　それはよくないですね。スタジアムソリューションも大切ですが、まずはそこをサポートしなければ(笑)。

〝朝令暮改〟がポイントだった!?
「LINE」「C CHANNEL」を
世に売り出した人物が語る「予定調和の壊し方」

森川 亮

C Channel 株式会社
代表取締役社長

×

板東浩二

Akira Morikawa

1967年、神奈川県生まれ。筑波大学卒業後、日本テレビ放送網、ソニーで多数の新規事業を立ち上げ、2003年にハンゲーム・ジャパン(現在のLINE)へ入社。2007年に代表取締役社長に就任し、2011年にLINEを大ヒットさせる。2015年3月にLINE社長を退任し、アドバイザーとして顧問に就任。同年4月、動画メディアを運営するC Channel株式会社を設立。著書に『シンプルに考える』(ダイヤモンド社)。

〝戦わない〟けど〝やることはやる〟

森川さんはすごい。「LINE」と「C CHANNEL」、両方世に売り出した方だから、ビジネス論も人材論も、すべてがすごいのだけれども……何がすごいって、私は「言い訳をしない」ところがすごいと感じた。

組織にどっぷり浸かると、何が自分が為すべきことで、何が他人事かわからなくなる瞬間がある。他人事、と考えると「今これをやるべき！」と思っても「反対されたから」「自分の仕事の範囲じゃないから」「予算がなかったから」「上司に認めてもらえなかったから」などと諦め、次第に何もしない人間になっていく。実は、これが恐ろしい。人生は結局、その人が何をやったかでしか測れない。どれだけ高邁な理想があれど、斬新な着想があれど、やらなかった人間は、栄光の虹を背負うことはない。であれば、他人事を自分事にできないか？　だって、引き下がってしまえば泥に息が詰まることもないだろうが、その場合は学びがなく、学びがなければやはり空は遠いままだからだ。

やるか、やらないか。そんな時「やるが正義」なのだ、と教えてくれる。森川さんは、ビジネス論も、ネットの捉え方などもすべてが面白い。でもやっぱり、絶対「やりたいけどできなかった」などと言い訳せず、全部やっちゃうところがすごいと思う。

他人の考えより、自分の感性を信じなきゃ！

板東　前々から気になってたんですが、森川さんの風貌って個性的ですよね。

森川　そんなに変わってるつもりはないんですけどね(笑)。髪も元々、天然パーマですし。

板東　大組織にいると、先輩に「髪切ってこい」と言われたりしますが、森川さんは違ったのかな、と。

森川　日テレ時代は苦労しました(笑)。

板東　まずは少年時代からさかのぼってお教えいただきたいんですが？

森川　実は私、小学校時代は運動も勉強もできず、いいところが何もなかったんです。しかもアトピー性皮膚炎が全身に包帯を巻くほどひどくて、ぜんそくも持っていて「僕は、将来生きていけるんだろうか」とずっと不安に思っていました。

でもたまたま歌がちょっとうまくて、小学校4年生の時にオーディションを受けて合唱団に入ったんですね。そこから、テレビに出たりCMソングを歌ったりして、音楽にはまっていったんです。変声期を迎えて楽器に転向したあとはドラムにはまって、大学の頃はジャズドラマーとしてプロになりたいと思っていました。

振り返ると、**ひとつ得意分野があると自信が持てて、それをやり切ると、何をやってもそれなりのレベルまで行けるようになるんだな、**なんて思います。

板東　音楽と経営って何か同じ部分があるんですか？

森川　バンドのつくり方は組織のつくり方にも通じるので、いろいろ似ていると思います。

例えば新規事業はジャズに近くて、組織が大きくなってくるとクラシックに近くなるイメージがありますね。ジャズは熱さとか、瞬間的な判断力や、柔軟な発想とかが大切で、アドリブでノッちゃっていいんですが、クラシックは基本的に、楽譜に書いてあることをちゃんとやることが大切なんです。

板東　その後、森川さんは筑波大でコンピューターを学ばれて、日本テレビに入社されますよね。

森川　きっかけは、僕の合唱団が積極的にシンセサイザーを取り入れ始めたことでした。次第に、ドラムにシンセサイザーをつけて、叩きながら音も鳴らす……なんてこともできるようになると「将来はコンピューターが演奏する日が来るなぁ」と思ったんです。そこで、筑波大学に入ってコンピューターを学びながらジャズドラマーを目指して、就職する時に「音楽番組をやりたい」と思って日本テレビに入社しました。でも、ちょっとコンピューターができちゃったから、財務のシステムの担当になったんです(笑)。

板東　音楽とは一番遠いところですね。

森川　本当に(笑)。でも「さすがにそれは」と直訴したら、報道システムのデジタル化を担当することになりました。じつは選挙特番の出口調査のシステムって、僕が日本で初めて立ち上げたんですよ。それまで当選確実が出てから伝えていたんですが、出口調査を行うと、もっと早く当選予想が出せたんです。ちょうど、青島幸男さんが東京都知事になられた時にちゃんと当てて、その後、全国で使われるようになりました。

板東　当時から片鱗がおありで……。

森川　でも一方で、テレビ局って人間関係が大切で、仕事よりもカラオケやゴルフに行って人間関係を築いている人間のほうが大切にされる場合があったんです。しかし僕はお酒もゴルフもそこまで好きじゃなくて、仕事をしているほうが楽しかったから「ここで成功するのは難しいな」と。そんななかある日、のちに社長になる方とたまたま2人きりになったから「僕、このままで大丈夫ですかね」と相談したんです。すると「30歳まで耐えろ。好きなことできるぞ」と言われて、さすがにつらいなと(笑)。

板東　やんちゃなエピソードもおありですよね。日本テレビ在籍時にインターネットサービスプロバイダーを立ち上げたとか(笑)。

森川　あれは番組制作に関わりたくて企画書をつくり、勝手にプロデューサーと話して、システムの部署にいながらテレビにまで出たことがきっかけでした。これが上司に怒られたので辞表を出して、送別会なんかもやってもらって……。ところが辞める3日前に役員会に呼び出され「好きなことやっていいから残れ」と言われて部署をつくってもらえたんです。そこでプロバイダーをやった、と(笑)。インターネットって、普及し始めた頃、大企業にとっては「アンダーグラウンド」のような存在じゃありませんでしたか？　大企業、とくにメディアには「あんなものやらない」といった空気がありました。でも、僕としては絶対に必要だとわかっていたのでやったんです。

板東　クラシックのオーケストラの中で、ジャズみたいな感じでやられたんですね。

森川　自分の好きなように演奏したい、という思いが強いんでしょう、恐らく、型にはまった組織が苦手なんでしょうね。

板東　大きな組織には4つの壁があると思うんです。

まずは「人の壁」、周囲、とくに権限を持っている人が「うん」と言ってくれないとどうしようもない。次が「お金の壁」、どこからかお金を持ってこないと始まりません。次が「心の壁」、今までやったことないことをやろうとすると、周囲に必ず「おまえがやることか？」とか「失敗したらどうするんだよ？」なんていろいろ言われるのではないかと心配になる。最後が「制度の壁」。「やればうまくいくんだろうけど、ルール上無理だね」みたいな。

森川　そうですね、そうですよね。

板東　森川さんは、どうかいくぐったんですか？

森川　**多分、おかしかったんです。**今振り返るとおかしいんですよ。例えば僕、会社にある自分の机が気に入らなかったんですね。そこで、東急ハンズで道具を買ってきて、自分でちょっと加工して（笑）。翌日、先輩が「森川、おまえの机、ちょっと違うな」と言われても気にしない。もし僕が社長で、部下がそんなことをしたら「おまえ、大丈夫か」と思うでしょう。ようするに僕、相当いかれていたんだと思うんです(笑)。

板東　森川さんは優先順位が人と違うんじゃないですか？　しがらみよりも、結果を出すことしか考えない、という……。

森川　何でしょう、曲がったことは嫌いというか、**正しいものを「正しい」と言えない環境がすごく苦手**なんです。だから「これをやるとうまくいく」とか「このままじゃ駄目だ」とわかっているのにやらないとか「提案するとつぶされる」みたいな理不尽な環境に行くと、ムダな戦いを強いられるんですね。

どこに行ってもいると思うんですが、**世の中のトレンドとか、そういうものを否定するために一生懸命頑張る人っていませんか？　例えば「海外で、これ流行ってます」と言うと、うまくいっていない事例をいっぱい集めてきて「でも、こんな失敗しています」となかったことにする、とか。**そういう人と戦うって、本当に大変で……。今は年齢も重ねたので、真っ正面から戦うことはありません。戦ってもムダですから。でも当時は青臭くていつもケンカばかりしてたんです。

まあ、本当につぶされなかったのは、その時の周囲の皆さんに愛情があったのかな、と思っています。なんだかんだ「しょうがないな」と周りが動いてくれたので。

板東 心底、自分がやるべきと考えたことをやっているのが伝わったからじゃないですか？　一生懸命やっていると、必ずサポート、支持してくれる人も出てきますからね。一方、口で話すだけで行動して汗をかかないとつぶされちゃう。

森川 **反対意見と戦うより、熱さを持つ**ほうがうまくいきますよね。

板東 でも、まだまだ日本には「変わるのはいけないこと」、「波風を立てるのはいけないこと」と考えている人間、結構、いますよね。

森川 そういう人には、近寄らないんです(笑)。ムダな戦いをすると、関係が悪くなります。でもまたいつか、どこかで会う可能性もあるじゃないですか。だから**「変わるまでそっとしておこう」**と思うようになりました。どっちにせよ、いずれは追い詰められて変わるでしょうから……。

板東　自分自身がそうならないために、何かすべきことってありますか？

森川　**「世の中で言われてることが本当にそうなのか」「社内で常識とされてるけど本当なのか」と自分なりに検証することですね。みんな何となくそう思っているだけ、って多い**ですから。**自分の感性って大事**だと思うんです。

板東　そこに最初に気付くと、次の時代をつくる側にまわれますからね。時に森川さん、そういう風に自分の感性で将来を見ていると、その時「インターネットとはこういうものだ」という大局観のようなものをつかまれたんじゃないですか？

森川　人間のコミュニケーションの取り方、仕事の仕方、ビジネスのあり方が変わり始めるだろうな、ということは強く感じていました。これがその後、ＬＩＮＥの立ち上げに至った部分もありますね。

その後、森川さんは２００３年にハンゲーム・ジャパン、現在のＬＩＮＥに転職され

る。当時の同社は社員数約30人の赤字会社、森川さんは36歳で平社員、年収も半減したという。だが、これこそが森川さんらしい。彼は世の中のニーズに応えるという「本質」だけを追求していたのだ。転職も同じ。新しい事業をやるのが好きだから、それができる会社に入った、それだけ。「これをやるためには、Aに配慮し、Bの意見も参考にする」などとやっていては何もできない。転職も同じで、収入が、立場が、といった本質的でないものはまったく無視されたのだろう。ちなみに、彼の著書の名は『シンプルに考える』という。転職も、非常にシンプルだった。

事業は最初からうまくいくものでなく「失敗の中から成功を見つけ出す」もの

板東 その後、LINEの立ち上げのお話を聞きたいんですが。

森川 ハンゲーム・ジャパンに転職してからゲームの事業をやったんですが、初めての割にうまくいって「自分がやれば、全部成功する」と調子に乗った時期があったんです(笑)。

でも、新規事業はそんなに甘くなくて、何回か失敗もしました。そんななかで「あまり新し過ぎると、駄目だな」とか「やるんだったら、早く最初の一手を打たなきゃいけない」なんてことを学んでいったんです。

社長になってからは組織を再編しました。安心感を持つと、人って次に行かなくなるんです。そして何でも、やる気がある人とやらないとうまくいかない(笑)。そこで、例えば給料を全部リセットしたり、運用系の社員を中国に送り込んだり、上司と部下をひっくり返したり、いろいろ過激な組織活動をしたら、社内で泣き声が聞こえるぐらい緊迫した雰囲気になってきました。そんなことをしながら「ユーザーに価値があるものを提供しないと生き残れないよね」「空気なんか読まずに新しいものを生み出さないと」といった共通認識、カルチャーのようなものをつくっていって、ここからＬＩＮＥが生まれたんです。

板東　ＬＩＮＥが生まれる土壌をつくった、ということですね。ただ、人事に手をつけ過ぎて社内から反発はなかったんですか？

森川　役員をかなり入れ替えた時は、マネージャーから糾弾されましたね。

板東　ＬＩＮＥの成功要因を挙げていただくと？

森川　**まず、時流に乗れた**ことです。２０１１年、ＬＩＮＥをリリースした当時はガラケー全盛期で、iPhoneの市場が急激に伸びていても、多くの競合が「iPhoneは儲からないからガラケーをやるべき」と言っていました。だから多くの企業はスマートフォン向けをやらなかったんですよ。でも、僕たちはガラケーの市場で出遅れていたので、２０１０年に「スマートフォンに賭けよう」と社員の半分をスマートフォン担当にして一気に突っ込みました。これが、一番早くできた要因かなと思います。

その時は「いける」と思ったものはほぼすべてやりましたね。そして、ほとんどうまくいきませんでしたが、そんななかにＬＩＮＥがあったんです。だから僕は今でも、**事業って最初からうまくいくものじゃなくて、失敗の中から成功を見つけ出すもの**なのかな、と思います。

板東　あの短期間で、あのユーザー数を集めたのは、世界初だったんじゃないですか？

森川　競合がいなかったんです。我々がＬＩＮＥを始めて、１億ユーザーぐらい行っても、他はやろうとしませんでした。「あれは収益モデルがない。森川さんがやってるのはあんまり意味がない」と皆さんおっしゃっていました。他社はガラケーで相当儲かっていましたからね。「スマホ系の事業でユーザーが1億人に行っても何の意味もない」と言われていたのが、我々にとってはよかったんです。日本の会社って、そういう、変化を嫌って自己肯定するところがありますよね。

板東　そうかもしれません。

森川　でも、**インターネットの世界で一番重要なのはトラフィックの多さなんです。インターネットビジネスの収益源は、広告、課金、ECの3つが大きい。そして、トラフィックが増えればどのビジネスもうまくいきます。**なので、まずはトラフィックを増やすことに集中しました。単純にダウンロード数じゃなく「1日に、何回使うか」も考えましたね。**週に1回しか使わないようじゃダメなんです。1日1回でもダメ、1日に何回も使う、というのが重要**です。それが多くの人に広がると、ものすごいトラフィックになります。

すると、ビジネスにしていけるんです。今も覚えているのは、公式アカウントを始めた時に、ローソンさんが「からあげクン」のクーポンを配信したところ「全国のローソンに行列ができた、初めての体験だ」と。あの瞬間は鳥肌が立ちましたね。

板東　トラフィックを増やすコツってあるんですか。

森川　実はそこが普通の話なんです。

板東　なるほど。

森川　**普遍的なニーズを具現化する**、ということだけを考えていたんですね。いつも「人にとって、何が意味あることなのか」みたいなことを考えていましたし、今も考えています。やっぱり、価値がないと、みんな使わないですから、今もそういうのを日々考えますね。

―　ここで少し補足を加えさせてほしい。まず、ＬＩＮＥは東日本大震災が大きな契機になって誕生している。震災時、多くの方が家族や友人と連絡を取ろうとしたが、電話回線はつながらなかった。一方、ネットは生きている場合が多く、ネットリテラシーの高い方は連絡を取り合うことができた。森川さんたちは「誰もが使いこなせる、メールよりもっと便利なネットワークインフラがあれば」と考え、LINEをリリースした。そんな意味でも、時流に乗っていたのだ。

そして彼らは、LINEのリリース前に「価値を生み出すこと」について考えに考え抜いた。その好例が「スタンプ」だ。当時、メールのトラフィックが増えており、ユーザーは1日に何通、何十通とメールを送っていた。自然と、文章をポチポチ打つのは面倒くさくなる。だから「スタンプ」だった。もちろん、東日本大震災の教訓も活かし「無料音声通話機能」の実装も予定した。

森川さんは「ユーザーのニーズから1ミリでも外れていたらユーザーは離れていく」と言う。LINEはリリース後、女子高生から「LINEは神アプリ」と言われるほどの支持を受けたが、それくらいでなければ、あの爆発的なトラフィックは生まれない。

さらに「お金を生み出すこと」を後回しにした。ユーザーに課金するモデルでないため、サービスをリリースしても売り上げはゼロで、最初は「あんなことに俺たちの給料を使いやがって」と文句を言われたらしい。そんななか、当たった「スタンプショップ」（アニメキャラクターのスタンプ等を有料でダウンロードするサービス）も、当時の開発陣いわく「リリース時は構想になかった」らしい。すなわちＬＩＮＥは「価値をつくり、莫大なトラフィックを生み出せばビジネスはうまくいく」を地で行ったのだ。

この成功を生んだのが「危機感」だったのも興味深い。開発陣は、２０１１年初頭、東日本大震災の前の段階で「どんなアプリなら国籍も文化も関係なく受け入れられるか、既にヒットしているアプリの共通点を徹底的に研究していた」と言う。その結果「人間の普遍的な欲求に基づくアプリが有望」と考えた。遊びたい、つながりたい、自己表現したい……考えてみれば、世界でヒットしているアプリは、この条件を満たしてはいないだろうか。森川さんは、現状に満足せず、世界的なヒットを望む組織を既につくっていたのだ。

もう少し、ＬＩＮＥの開発秘話が続く。

板東　森川さんは、各所で「スピードが重要」という話をされていますが、そのあたりもＬＩＮＥの成功要因じゃありませんか？　何か「生活習慣のなかで、こんなことを心掛けている」とか、そんなお話があったらお教えください。

森川　なるべくトレンドやヒストリーを見るようにしていますね。**未来を見るために、過去を分析します。まずこんな流行があって、次にこういった流行が……という、何か順番のようなものを知ることが大切**なのかな、と。

あとは、トレンドの中でも、日本よりも進んでいる国の事例を学んだりしますね。

板東　ＬＩＮＥは東日本大震災からわずか3か月後にリリースされていますね。聞けば、この時点ではスタンプも無料音声通話機能もなくて、マーケターの方が「このアプリの売りは何だ？」と首をかしげた、なんて話もありますよね。

このあたり、事業は失敗の中から見出すもの、という考えと通底していると思うんです。先に顧客をつかみ、アップデートを重ねていく。で、新機能の人気が出たら注力し、人気が出なかったらやめる。

スタンプもそうでしたよね。最初はわずか30種類くらいしかなかったのにリリースし、人気が出たから注力していった。一方、当時「動くスタンプ」をつくったら、こっちはあまり人気がなくて、すぐやめられていますね(現在は実装)。

森川　じつはこれ、韓国人に学んだことが大きかったんです。入社した時、韓国人の社長が、それこそ金曜日に決めたことを、日曜の夜に電話かけてきて「やっぱりやめる」と言うのが毎週のように続いて、本当にノイローゼ気味になって、ケンカもしたんです。でも「なんでそうなんですか」って言った時に「今は、それがいいんだ。正しいんだと思う」と言われたんです。

そこに真理がありまして、日本の場合って、「決めたことを変えちゃいけない」っていう、何か、強いエネルギーがあるじゃないですか。僕もそれにとらわれていたんだな、と思ったんです。それで**「正しいことはいつ変えてもいいんだな」**と。そこからそうなったんです。

板東　なるほど。

森川　すると表現の仕方も変わってきました。日本人は「傷つけちゃいけない」と考えて遠回しにものを言いますよね。一方、韓国人はストレートに言ってきます。それで傷つく人もいたんですけど(笑)、**やっぱりわかりやすくはっきり伝えるほうがスピードが速かったた**んです。だから、そういう韓国人のやり方を、ある程度真似しながら、日本のいいところに入れていくことによって、独自の企業文化が生まれましたね。

やっぱり、**なんでもやってみないとわかんない部分があるん**です。徹底的に仮説は立てるんですが、それでもわからない。だったら**まずはリリースして、そのなかからユーザーのニーズをかぎ取って、失敗したものはパッとやめて、人気があればなんでウケてるのか分析してもっとニーズに合うようにしていく、そのサイクルを速くまわすほうが重要**かな、と。

板東　じっくり仮説を立てて、これで決定、ゴールは動かさないから全員で、とやっていくより、そのほうがニーズに合ったものができますよね。

森川　そうなんです。もちろん朝令暮改と言っても程度の問題はあります。毎日、朝令暮改していると、みんな疲れ切っちゃいますからね(笑)。本当に大事なことは「変化に対応しなきゃいけない」ということなんです。そのためなら朝令暮改もいとわない、という……。

たびたび私が語って申し訳ないが、この開発、「アジャイル式」(アジャイル=機敏)と言う。対極にあるのが「ウォーターフォール式」(=滝)。ウォーターフォール式は、ま

るで滝のように、一度「この方向で」と決まったら元には戻せない。多くの開発者やマーケターが製品の仕様を決めたら、誰がいつまでに何をするか決め、組織が動いていく。

一方のアジャイル式は、ミニマムスタートを切ってニーズや問題点を把握し、人気があれば注力、なければ改変して、それでもダメなら次、と繰り返していく。

旧来、開発はウォーターフォール式が多かった。しかし、これは組織が混乱しないかわり「賭け」の要素が強くなってしまう。ゴールが本当にベストか、ニーズにマッチしているか誰もわからないのだ。

5枚、トランプが伏せてあったとしよう。そのなかの1枚に正解があるとする。確実に正解を引く方法があるとするならば、人の5倍の速度で全部のトランプをめくってみるしかない。とくに新市場を生む場合は、この方法のほうが有効なのだ。

だから、C CHANNELの事業もそんな風にスタートを切った。

「スマートフォン×動画」の時代は確実に来る、と思っていました

板東　これは想像なんですが、森川さんがC CHANNELを立ち上げられたのって、LI

NEをやっている時にはもう、次の新しいことを考えられていたんじゃないかな、という気がするんです。

森川　考えてはいましたが、それとはまた違う方向に進んでいます。

板東　どんなことを考えられていたんですか。

森川　最初、教育かヘルスケアの事業をやろうと思っていました。やっぱり、日本の問題ってここかな、と思ったんです。でも深掘りしてみるといろんな法制度とか国の政策の問題があって、なかなか壁が高いな、と思ったんです。その次に、エネルギーや農業も考えたんですが、これはお金がかかり過ぎる、と思って「もう少し手前でできるところからやろう」とメディア事業を始めたんですね。

実は今も、いつかそっちもやるか、エンジェル投資家として出資するかしたいな、と思ってます。

板東　問題があるところにビジネスチャンスがありますからね。そんな思いが「C CHA

NNEL」になったきっかけは……？

森川　まず「スマートフォン×動画」の時代は確実に来る、と思っていました。その頃、学校で講演を頼まれ行ってみると、子どもたちが「将来、政治家や経営者にはなりたくない」と言ったんです。たしかに、テレビに出てくる政治家は、人を罵ったり泣き出したり……経営者だって、悪いことをして頭を下げるところばかりがニュースになりますよね。つまり若者は「日本の大人は悪いやつしかいない」とインプットされていたんです。確かにまっとうな人間がまっとうなことをしていると報道するより、とんでもないことを放送するほうがテレビを見てもらえるんでしょうけど、子どもたちへの悪影響を考えると、これでいいのかな？という疑問があって、メディアに行ったんですね。

板東　女性向けだったのは？

森川　それは市場の状況を見ました。いきなり男性向けにやっても難しいのかな、と思ったんです。僕の経験上、男性って新しいものを否定するところがありまして……。ＬＩＮＥもそうですが、私が今までやってきたことは大体、おじさんから否定されて「そんなもうからないものやめろ」と言われ、女性の支持を受けて伸びていったんです。だから、まずは女性をターゲットに「スマートフォン×動画」をやってみようと思ったんです。

ここでC CHANNELの話もしたい。立ち上げは2015年のことで、「クリッパー」と呼ばれるモデルさんやタレントさんが、ヘアメイク・料理・ファッションなどの情報を30秒〜1分程度の動画にして配信する仕組みだ。森川さんいわく「インターネット動画「私のファッション雑誌」で、好みが合うクリッパーの情報を得れば、ユーザーにとっての「私のファッション雑誌」ができあがる。ビジネスモデルは動画広告とEC。動画は縦型で、位置情報をもとに情報が収集できるから、ユーザーがよく行くお店の情報を得ることができる。まさしく、時流に乗った起業だった、と言っていいだろう。

板東　立ち上げからしばらくは大変だったんじゃないですか？

森川　今も大変ですが(笑)、一番大変だったのは、若い女性の気持ちを理解することでした。例えば、誰かに言わされているような感じがあると、むしろ反感を買います。また、例えば女性が出てきて「今日は、銀座のここでおいしいお寿司を食べました！」とやると、ユーザーさんのなかには「この子、パパにごちそうしてもらったんだよね」と反感をお持ちになる方もいる。でも、お洒落じゃない子がファーストフード店で新メニューを試しました、とやると「こんな動画になんの意味があるの？」とか、こっちにも厳しい人たちがいて……（笑）。その結果「まず人が出ないものからやろう」としたんです。すると、たたきどころがない。ここが最初の入り口でしたね。

板東　では、自分が見て面白かった動画って、どういうものがありますか？

森川　実はそれ、あまり考えないようにしているんです。昔、ゲーム事業やってる時もそうだったんですが、自分はユーザーではなく、仮想ユーザーがいるので、**自分が「面白い」とか「つまんない」よりは、「そういう人たちが、どういうプロセスで、どういう意思決定するのか」って考えてます。**

板東　ほかには、どんな試行錯誤を繰り返してきたんですか？

森川　一番難しかったのはＥＣですね。ＥＣでは成功した体験がなくて、試行錯誤しながらようやく結果が出てきたくらいです。ＥＣは先行する企業もたくさんあるので、我々が普通にやっても成功しません。当然、最も強みが活きる「動画」が絡むか、もしくは「動画に出演してるインフルエンサー」が絡むか、この2つの軸しか考えられません。そんななか、動画でスマートフォンユーザー向けのテレビショッピング的なものをやっています。最初はうまくいかなかったんです。でも「説明が多くてもダメ」「映像がキレイ過ぎてもダメ」、結果的に「それを見て〝ほしい〟と思っていただかないとダメだよね」ということで研究していくと「ビフォーアフターが明確で、動画で見てほしくなる」商材を集めたんです。すると、どうしてもテレビショッピング的なものになってきたんですが、これを若い方に買っていただいているので、結構伸びています。

板東　動画だけに、わかりやすいビフォーアフター、見た目が勝負なんですね。一方で、インフルエンサーと絡むものはどうですか？

森川　インスタグラマー的な人たちと一緒にブランドをつくって、ネットで販売する、といった形でこちらも伸びています。こっちは、インフルエンサーの人たちに世界観があって、どれくらいファンがついているかが重要でした。

板東　動画はわかりやすいビフォーアフターと世界観が重要、ということですね。

森川　あとは、女性たち、きれいなものがお好きですね、皆さん。写真と動画が流通するようになってから、**時代が見た目重視**になっているんです。以前は「見た目もいいけど中身も大事」っていう時代が長かったはずで、少し残念な部分もありますが……。

板東　そうすると、この次に求められてるものは？　あと、ライバルはどんな……。

森川　そこが難しいんです（笑）。次に求められているものは、私自身が悩み続け、結果を出してくれそうな女性に任せるしかないかな、と。一方、ライバルについてはあまり考えていません。本質的にはお客様の価値を最大化すれば生き残れるので……**他社と戦ってる場合じゃない**かなってなりますかね。

板東　なるほど。戦わないんですね、やっぱり。

森川　戦ってる時間があれば、お客さんの求めるものを具現化したほうがいいですよね。

森川さんいわく、若い方が1日に受けるメッセージは激増しており、もう「文字を読んでいる余裕はない」時代なのだそうだ。しかし、面白動画ばかりシェアしていると、周囲に「仕事してない人」と思われてしまうから、彼はHOWTO動画をつくった。なかでも支持を受けたのは、役に立って、かつ友達とシェアしたくなるものだった。逆に、企業のブランディング寄りの動画にはしない。化粧品のCMでも、今まで通り「有名な女優さんが使って、美しい映像で……」は、若者にすれば「でもこの女優、本当にこれ使ってんの?」となる。だから、実際に使って、比較して、仕上がりがわかって、というHOWTO動画をつくった。私はこれ、すべてロジックでできあがったとは思わない。多分、森川さんは様々な失敗を繰り返しながらユーザーのニーズと1ミリも外れないものを見つけたのだ。

最後に、森川さんからアドバイスをいただいた。私もいくぶん、お話をさせていただいたが、本書の最後でもあるから、どうか、ご容赦いただきたい。

人間は、満足すると、大体、平和な方向に行ってしまう

板東　ではいろいろアドバイスもいただきたいんですが……森川さんが、トレンドとか時流を勉強する方法って何ですか？

森川　自分で考え続けます。「日本の課題は？」「じゃあ、どう解決すべき？」と考えて、税金の使い方を研究したり、いろいろな制度を勉強したり。その過程において「ああ、大体、この方向だな」と見えた時に、それについて、やっている人に話を聞いたりします。

ちなみに板東さんは、どうやって次を読むんですか？

板東　あ、えーと(笑)、僕の経験で大きかったのは1985年くらいに、今のNTTドコモの前身に当たる「移動体通信事業部」にいたことですね。

当時はポケベルが中心で、社内では「非電話系サービス」と呼ばれていました。でも、将来はこれによって大きく変わっていく、と見えたんです。そこから「じゃあ、次は何が起きるのか」と必死で考えるようになりました。

森川　それで映像事業を？

板東　その前に、当社も失敗の中から事業を見つけ出しているんです(笑)。当社は楽天さんよりも前に「将来はＥＣの世の中が来る」と始めたんですね。でもちょっと早過ぎて利益が出ず、私が「あの会社、畳んでこい」といった形で社長を任されたんです。そこで財務を見ると、プロバイダーだけが伸びていたので、これに特化したんですよ。

森川　ああ、そういう……。

板東　でも、インターネットの進化を見れば、この市場が激変していくのはわかっていたし、私は事業って常に、うまくいっている時に新しいことを仕込んでおかないと危ない、という感覚が強くて、次を考えていたんです。そして、映像事業として「ひかりＴＶ」を始めたんですね。実際に、この変化に対応しなければ厳しかったでしょう。

森川　やっぱり、**新しいものは、新しいところから生まれますからね。**では板東さん、新しいことってどういう心構えでやるとうまくいくんですか？

板東　私が話すのもなんですが……(笑)、やっぱりこれは森川さんと一緒だと思います。

まず、いろんな情報に触れて自分の感性を磨いて、時流を読んで、伸びる分野に狙いを定めて、そこでビジネスをやる、と。今までにないことをやるわけだから、周囲は心配も含め、いろいろ言われます。例えば「ビデオ・オン・デマンド」を始めた時なんか……。

森川　「ビデオ・オン・デマンドはうまくいかない」みたいなのが強かったですもんね。

板東　そうなんです。わずかに市場はあったんですが、これが都度課金で、1本1本「これを見るなら200円、こっちは300円」とお金がかかったんです。だから、なかなか買ってもらえない状況で市場が伸び悩んでいました。だったら「うちがビデオ・オン・デマンドのマーケットをつくるぞ」と、料金は固定、1カ月2500円で5000本が見放題！とやって、その後、料金を下げつつ、本数をどんどん増やしていったんです。今はどの会社も当たり前のようにやっていますが、これ、画期的だったんですよ(笑)。でも、画期的だからこそ、社内の理解を得るのは少し大変だったかな、と。なぜって、このビジネスモデル、まずコンテンツを大量に揃えなきゃいけないから大きく損が出るんです。

森川　数字が伸びればいずれ黒字になる、と見えていたんですよね？

板東　そうなんですが、目先の数字がマイナスで、しかもそれが莫大だから、大きい声じゃ言えませんが、たたかれましたよ。「どうせうまくいかないんだからやめておけ」「失敗するぞ」ならともかく「またおまえか」なんて言われたり(苦笑)。でも、自分自身が必死で動くうち、次第にわかってもらえるようになってきたんですね。そのうち「やれ、やれ！」と応援してくれる人や「任せた」と言ってくれる人が増えてきて、結局、黒字になったんですが、当初は苦しかったですよ(笑)。

では森川さん、そんなことも踏まえ、最後に「ひかりＴＶ」にアドバイスをいただけませんか？

森川　そうですね。私も「ひかりＴＶ」のユーザーですので、その立場から申し上げますと、思い切って無料になるといいなぁ、という。

板東　ああ、あーと。

森川　すみません、無茶な話、無茶な話です。

板東　いえいえ、それくらい発想の幅を広げなきゃいけませんね。

森川　最近、ビジネスモデルで言いますと、今の料金ではすぐ見れないんだけど、ちょっと待つと見れるとか。いっぱい見てる人だとちょっと値引きがあるとか、何かそういう仕組みがあると面白いかなあと。

板東　確かに、すぐ無料は難しいですが(笑)、いままで誰も実現できなかったことを実現できたら面白いですよね。

しかし、やっぱり森川さんは大胆ですね。これは、私も一本取られました(笑)。

生まれ変わって進化する：Reborn & Evolution
独自コンテンツを制作する戦略会社へ

ひかりＴＶのサービスを開始したのが２００８年３月31日。２０１８年３月31日で10周年を迎えました。10年前はＩＰＴＶサービスに対する認知度は非常に低く、コンテンツ調達も権利処理の問題を含め、必ずしもスムーズだったわけではありません。そのような状況の中でサービス開始直後は会員数もなかなか伸びず、費用がかさみ、口では言い表せない苦労をしました。しかし、これまで10年全力でやってきて会員数は３００万会員を突破。そして放送サービスとＶＯＤ（ビデオ・オン・デマンド）、この両方のサービスを提供しているＩＰＴＶ事業者としては国内最大となりました。

一方、ここ2、3年でネットフリックスをはじめとする多くのＯＴＴ（コンテンツ配信事業者）が参入し、競争は激化するとともに、スマホ向けの映像配信市場は急拡大しています。これら事業者が独自コンテンツを制作し、コンテンツを売りに会員を集めるということも珍しくなくなりました。２０１４年頃から、このような状況になることを想定し、当社はスマホ向けの映像配信を実施するとともに、アニメ制作会社のＩＧポートグループ様と共同で、「タテアニメ」の制作・配信を実施しています。また、４Ｋを中心とした独自コンテンツ制作にも全力で対応してきました。４Ｋ専用チャンネルはすでに2チャンネル提供しており、4K-VODのコンテンツも２５００本を超え国内最大となりました。さらにＮＴＴドコモと共同でＮＴＴ研究所の技術、Kirariを利用し、アイドルグループのライブを別会場に転送してホログラムで立体的に再現するとともに、ＦＣ今治のサッカー競技場でのスマートスタジアム構築、アジア冬季競技大会における自由視点カメラによるアイスホッケーの映像配信、１００メートル上空からのドローンによるハウステンボスの花火大会の４Ｋライブ中継など、臨場感にあふれ、新しい体感ができる、今までにない独自コンテンツ制作に積極的にチャレンジしています。

２０１８年1月末にＮＴＴドコモがサービスを開始した「ｄＴＶチャンネル」、さらには今後、提供予定の「ひかりTV for docomo」においても、ＮＴＴぷららでコンテンツの調達・編成を行い、ひかりＴＶのプラットフォームで配信する予定です。今後、コンテンツ制作の体制を強化し、今までにない独自コンテンツを制作していくことで、新たなマーケットを構築していきたいと考えています。

2017年秋から、ARと3D-CGを利用したコンテンツサービスの検討に着手し、2018年春に「ひかりTV-VF(バーチャルフィギュア)」として提供を開始しました。本サービス開発にあたっては、企画からアプリ開発に至るまで、当社にて一貫して取り組みました。今後、「ひかりTV-VF」をこれまでにない新たなデジタルコンテンツとして、様々な業界に積極展開したいと考えています。

ひかりTV-VFのイメージは左記の手順(ひかりカエサル)でご覧いただけます。

ひかりTV-VF(virtual figure)とは

AR技術と3D-CGホログラフィックによる新たなコンテンツサービス

グッズやノベルティ等のデザインに実装された「ARマーカー」を、スマートフォンのカメラ機能によって読み込むことで「3D-CGデジタルコンテンツ」を表現。音楽ライブやアーティストパフォーマンスの新たな視聴体験を提供するサービス。

視聴の手順

A より専用アプリをダウンロードして起動した後、B のマーカーを読み込んでください。

A Android版

A iOS版

B

これら、様々なビジネスを展開するため、私は人と出会っています。そして、フリージャーナリストの方から、私と、最先端を行く方たちとの対話を書籍にまとめたい、という申し出を受け、生まれたのがこの書籍です。

最後になりましたが、ご対談いただいた方たちに心から感謝します。また書籍化に関し様々な助言をいただいたダイヤモンド社の皆様、実際に原稿を書き起こしてくださったフリージャーナリストの夏目幸明さんにも感謝します。

そして何より、最後のページまでお付き合いいただいた読者の皆様に、あらためて心から感謝いたします。最後になりましたが、このような〝今までにない独自コンテンツ制作〟また〝スマホのアプリ開発〟〝新しいビジネスの立ち上げ〟等にご興味があれば、次にご連絡ください。

NTTぷらら事業推進部広報室　03-5954-7343

この書籍が、皆様にとって様々な示唆に富むものであったなら幸いです。

NTTぷらら　代表取締役社長　板東浩二
https://www.hikaritv.net

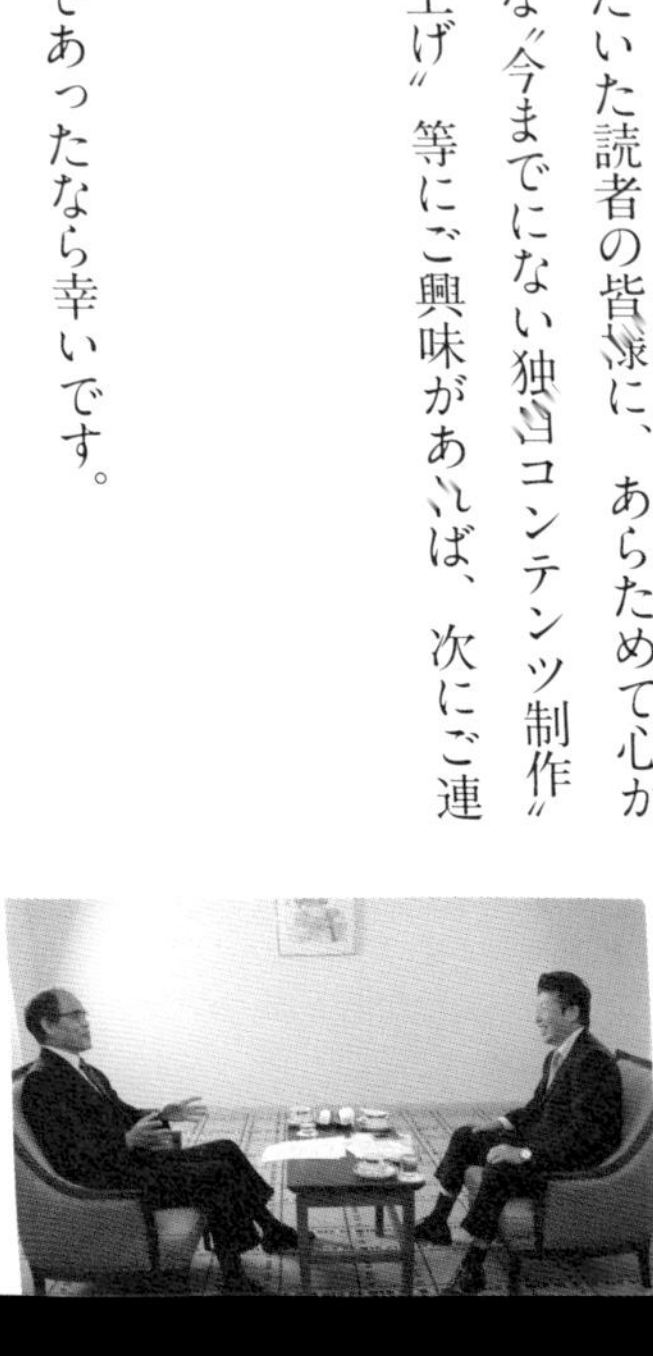

[著者]
板東浩二（ばんどう・こうじ）
株式会社NTTぷらら代表取締役社長。
株式会社アイキャスト代表取締役社長。
株式会社ジャパンコンテンツファクトリー代表取締役社長。
1977年、日本電信電話公社（現NTT）に入社。
NTTでは電話交換機の設計・導入・保守ならびにネットワークの構築に従事。
九州支社ISDN推進室長、マルチメディアビジネス開発部担当部長などを歴任し、
1998年6月より現職。

出会いは最大のレバレッジ
——マーケットクリエイターとのダイアローグ

2018年7月18日　第1刷発行

著　者——板東浩二
発行所——ダイヤモンド社
〒150-8409　東京都渋谷区神宮前6-12-17
http://www.diamond.co.jp/
電話／03･5778･7235（編集）　03･5778･7240（販売）
構成————夏目幸明
撮影————中村將一
デザイン——大久保裕文＋須貝美咲(Better Days)
製作進行——ダイヤモンド・グラフィック社
印刷／製本—勇進印刷
編集担当——前田早章

ISBN 978-4-478-10177-3